赚顾客一生的钱

微利时代聪明人的赚钱方略

李羿锋 著

中国财富出版社

图书在版编目（CIP）数据

赚顾客一生的钱：微利时代聪明人的赚钱方略／李羿锋著．—北京：中国财富出版社，2013.9

（华夏智库·金牌培训师书系）

ISBN 978－7－5047－4777－8

Ⅰ.①赚…　Ⅱ.①李…　Ⅲ.①销售学　Ⅳ.①F713.3

中国版本图书馆 CIP 数据核字（2013）第 170777 号

策划编辑	范虹轶	**责任印制**	方朋远
责任编辑	卢海坤	**责任校对**	饶莉莉

出版发行	中国财富出版社（原中国物资出版社）		
社　　址	北京市丰台区南四环西路 188 号 5 区 20 楼	**邮政编码**	100070
电　　话	010－52227568（发行部）		010－52227588 转 307（总编室）
	010－68589540（读者服务部）		010－52227588 转 305（质检部）
网　　址	http：//www.cfpress.com.cn		
经　　销	新华书店		
印　　刷	北京京都六环印刷厂		
书　　号	ISBN 978－7－5047－4777－8/F·1995		
开　　本	710mm×1000mm　1/16	**版　　次**	2013 年 9 月第 1 版
印　　张	16.5	**印　　次**	2013 年 9 月第 1 次印刷
字　　数	237 千字	**定　　价**	35.00 元

前言

这是最好的时代，这是最坏的时代；这是明智的时代，这是愚昧的时代；这是信任的纪元，这是怀疑的纪元；这是光明的季节，这是黑暗的季节；这是希望的春日，这是失望的冬日；我们面前应有尽有，我们面前一无所有；我们都将直上天堂，我们都将直下地狱……

——狄更斯《双城记》

这是一个最坏的时代——坏消息

• 有 1 个顾客不满意，企业至少丧失 40 个新顾客。

• 91% 的不满意顾客不会再接受该机构的服务。

• 顾客不满意时，只有 4% 的顾客表述他们的不满。

• 不满意的顾客会以 8 ~ 16 的倍率传播不满。

• 顾客忠诚度下降 5%，则企业利润下降 25%。

• 顾客每 4 次购买中会有 1 次不满意，而只有 5% 的不满意顾客会抱怨，大多数顾客会少买或转向其他企业。

• 2/3 的顾客离开供应商是因为供应商对他们的关怀不够。

• 每收到 1 个顾客投诉，就意味着还有 20 个有同感的顾客。

• 顾客流失率分为绝对流失率和相对流失率两种。绝对顾客流失率 =（流失的顾客数量/全部顾客数量）×100%；相对顾客流失率 =［（流失的顾客数量/全部顾客数量）×流失顾客的相对购买额］×100%。

• 在投诉的顾客中，有 68% 的顾客对员工或管理组处理投诉的方式感到不满。每位不满的顾客将向至少 9～10 位自己的亲朋好友宣传其不良的购物经历。

• 已经流失的顾客当中，65%～85% 的人对产品或者服务表示满意或非常满意。

这是一个最好的时代——好消息

• 维护好一个顾客，在一生中给你的利润回报是开发成本的 2400 倍。

• 根据雷奇汉的研究，企业从 10% 最重要的顾客那里获得的利润往往比企业从 10% 最次要的顾客那里获得的利润多 5～10 倍。

• 如果将每年的顾客关系保持率增加 5%，则利润增长将达 25%～85%。

• 美国国营农场保险公司（State Farm Insurance）通过仔细分析和计算，发现常客率增加 1%，销售员的年收入就可增加 20%。

• 获得一个新顾客的成本是保持一个满意顾客成本的 6 倍。

• 争取一个新顾客比维护一个老顾客要多 6～10 倍的工作量。

• 向新顾客推销产品的成功率是 15%，向现有顾客推销产品的成功率是 50%。

• 当产品普及率达到 50% 以上的时候，更新购买和重复购买就大大超过第一次购买的数字。

• 一个 40 岁的新顾客，如果单次购买能够给企业创造 200 元的利润，购买周期是每个月 1 次，在以后的 20 年他都需要这项产品，那么他的终身顾客价值计算如下：200 元/次 ×12 个月 ×1 次/月 ×20 年 =48000 元。这个公式只是计算了由于顾客的购买行为带给企业的利润，未计算由于他的正面宣传而带来的其他顾客所创造的利润。

• 93% 的企业 CEO 认为顾客关系管理是企业成功经营和更有竞争能力的最重要的因素。优秀的销售员做的都是人的生意——维护顾客关系。

• 根据“二八法则”，一个年销售额 10 亿 ~ 20 亿元的公司，小顾客 20% 的销售量产生的销售额会达到 2 亿 ~ 4 亿元，并且小顾客的维护成本低，赚取到的纯利润率比大顾客高，算下来这绝对是一个不菲的数目。

• 每 100 个满意的顾客会带来 25 个新顾客。争取一个新顾客比维护一个老顾客要多 6 ~ 10 倍的工作量，顾客水平提高 20%，企业的营业额将提高 40%。

• 企业 20% 的顾客为企业带来了 80% 的利润，其余 80% 的顾客只为企业创造了 20% 的利润。能为企业带来 80% 的顾客就是企业的核心顾客。企业只有留住这 20% 的核心顾客，才能形成并保持明显的竞争优势。老顾客比新顾客为企业多带来 20% ~ 85% 的利润。

• 当产品普及率达到 50% 以上的时候，更新购买和重复购买就大大超过第一次购买的数字（存量市场）。

• 美国资深顾客服务咨询师理查德 · 塞尔策说：“我们发现，只有 17% 的产品是通过广告宣传销售出去的，另外的 83% 是通过公司的声誉销售出去的——以往顾客的购物经历、他们对此的评价和推荐、杂志上关于公司的介绍等。”

• 在市场营销中，还有一个“250 理论”，即一位顾客潜在影响 250 位顾客。

营销人员维护好顾客，就能够创造“最好的时代”；反之，就会进入“最坏的时代”。本书就是从这个角度出发，传授微利时代的赚钱方略。全书共 11 章，内容翔实、方法细致，并列举了大量真实案例，相信阅读本书的每位读者都将有所收获。

本书能在较短的时间内出版，真诚感谢秦富洋、方光华、陈德云、刘星、曾庆学、李志超、杨勇、李高朋、孙汗青、陈春东、张旭婧、王京刚、陈宇华、王军生、辛海、蒋志操等人在制图、文字修改以及图书推广宣传方面的协助。

作　者

2013 年 6 月

目　录

第一章

忠诚顾客的价值

我们1%的失误，对顾客就是100%的损失，衡量企业成功与否的最重要的标准，是让顾客满意的程度。

——王石

进入微利时代，钱越来越难赚。过去靠“一锤子买卖”也能赚到钱，而现在不行了。微利时代如何赚钱？答案是：必须重视“回头客”，只有“回头客”才是上帝！

微利时代，忠诚的顾客才是真正的上帝

随着市场竞争的不断加剧，产品的利润越来越低，最后都会进入到利润少得可怜的阶段，这就是我们常说的微利时代。

很多企业都把“顾客就是上帝”当做自己的座右铭，这是因为顾客能够给企业带来利润，促进企业的发展。然而在微利时代并非所有的顾客都是企业的上帝，只有忠诚的顾客才是企业的真正的上帝。忠诚的顾客是指对某种产品或服务产生了好感或依赖，从而形成行为上的偏好，进而可能重复购买的一种倾向的顾客。在微利时代只有顾客的重复购买，才能给企业带来更大的利润（见图1－1），那些哪里东西便宜便往哪里跑的顾客对企业的发展不会起到很大的促进作用。因此，微利时代企业一定要抓住忠实的顾客。

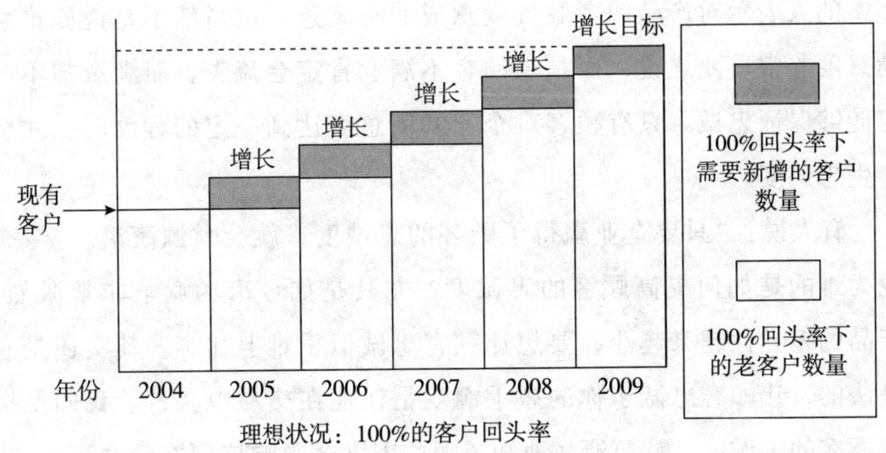

图1－1　顾客忠诚度带来的利润

益普索——全球著名研究集团认为，在企业中只有20%的顾客才是真正能够给企业带来利润的，而很多甚至是大多数能够带来利润的顾客并不忠诚。那么，企业如何才能抓住这少之又少的能够给自己带来利润的忠诚

的顾客呢？

长期的销售实践显示，要想抓住忠诚的顾客，就要重视第一次接触。顾客在第一次购买你的产品或者是享受你的服务时的满意度非常重要。如果顾客第一次和你接触对你非常满意的话，对这些顾客进行跟踪服务，那么他就有可能成为你的忠诚顾客。怎样才能知道顾客是否满意呢？其中一个最重要的方法就是在交易完成后立即提供售后服务，或者是电话跟踪回访。因为，即使顾客已经完成了购买，他们还会继续考虑自己的决定是否正确。所以，根据售后服务或者是电话回访就能够了解到顾客对产品或者是服务是否满意。如果有的顾客对自己的购买决定存有疑虑，那么在这时候就要趁机打消顾客的疑虑，让他对自己的购买决定深信不疑，这样获得忠诚顾客的概率就比较大。

但是，顾客的满意度并不等于顾客的忠诚度，有些企业经常进行顾客满意度调查，但是结果却发现在已经流失的顾客当中有65%～85%的人表示对产品或者服务满意或非常满意。这当然不是说要推翻满意度非常重要之说，而是说顾客不满意肯定会流失，而满意却不一定能够保证忠诚。只有顾客对企业的满意度达到一定的程度时，才会产生忠诚度。

有人说："只要企业赢得了顾客的忠诚度，就会财源滚滚。"令企业为难的是如何提高顾客的忠诚度？尤其是如今市场竞争非常激烈，产品的差异性越来越小，要想让顾客忠诚似乎难上加难。其实还是有办法的，让顾客忠诚于你的撒手锏就是让他在交易中获益。我们要提高顾客的忠诚度，就要清楚地知道哪些因素会影响该顾客的购买决定，也就是该顾客最关心什么，是商品的质量，还是服务，或者其他方面。只有让顾客感觉物有所值，他们才不会怀疑自己的购买决定。让顾客感到物有所值的办法就是和顾客保持相互受益的伙伴关系，顾客就会因为能够得到高水平的服务和高质量的产品而缩短决策的时间，打消购买顾虑，给下次交易带来机会，也就是我们常说的拉住了回头客。实践证明，在微利时代，只有重复购买，才能给企业带来利润（这一点在下面的章节中会详细说明），也就是说只有忠诚的顾客才是企业的上帝！（见图 1－2）

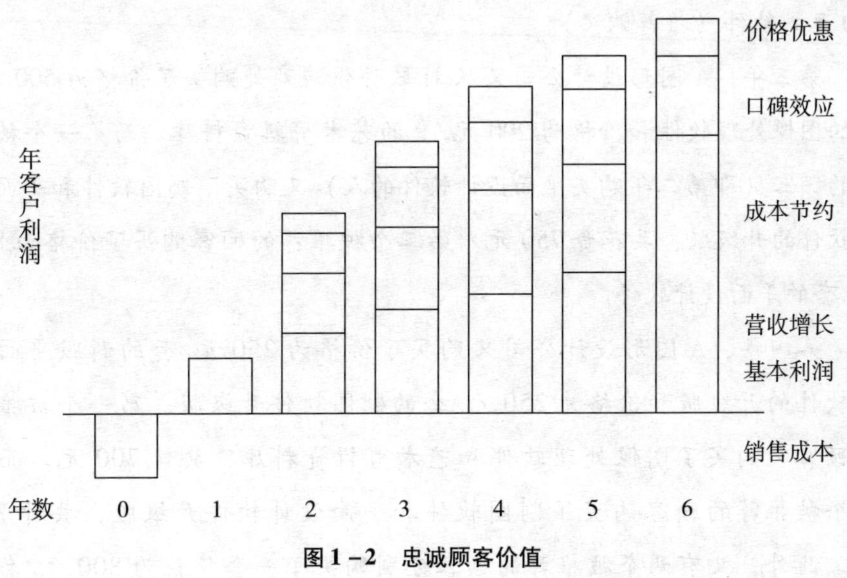

图 1－2　忠诚顾客价值

忠诚顾客的价值到底有多大？具体通过以下案例进行分析：

假设有一家 A 图形设计公司与一家 H 软件供应商已经有五年的顾客关系了，我们来计算一下，五年下来，H 软件供应商能从 A 图形设计公司中获得的直接和间利润到底有多少（见表 1－1）。

第一年，A 图形设计公司老板从报纸广告中了解到，H 软件供应商开发了一种用于台式电脑的平面设计软件后决定购买一套。这套软件的售价是 800 元，H 软件供应商通过广告及其他促销手段，获得每个顾客的平均成本是 850 元。很显然，第一年内，H 软件供应商从 A 顾客手中没有挣到钱，因为他获得并服务于该顾客的成本高于其软件产品本身的价格，即 H 软件供应商亏损 50 元。

第二年，A图形设计公司对这套平面设计软件很满意，又买了升级版本，价格为500元/套（该产品利润较高，属于上升购买），同时还买了制图和演示软件，价格为250元/套（交叉购买）。此外，A公司老板又向几个独立图形设计师推荐了该平面设计软件，其中一人购买了这套售价为800元的软件（推荐购买）。

第三年，A图形设计公司又从H软件供应商处购买了价格为500元/套的图像处理软件和价格为200元/套的艺术剪辑资料库。而第一个被推荐的顾客（即第二年购买平面设计软件的人）又购买了制图软件和平面设计软件的升级版，共花费750元。第二个被推荐的顾客购买了价格为800元/套的平面设计软件。

第四年，A图形设计公司又购买了价格为250元/套的新版平面设计软件的升级版和价格为250元/套的制图软件升级版。第一个被推荐的顾客又购买了图像处理软件和艺术剪辑资料库，共计700元。而第二个被推荐的顾客购买了制图软件和平面设计软件升级版，共计750元。此外，又有两个被推荐的顾客分别购买了一套售价为800元/套的基本的平面设计软件。

第五年，A图形设计公司购买了价格为3000元/套的全套多合一软件，其功能包括平面设计、演示和图像处理，另外又单独买了一个新的艺术剪辑资料库，价格为200元/套。第一个被推荐顾客买了新版平面设计软件的再升级版和制图软件升级版，共计500元。第二个被推荐顾客买了图像处理软件和艺术剪辑资料库，共计700元。而另外两个上一年被推荐的顾客，每人又分别购买了价格为750元/套的制图软件和平面设计软件/的升级版。

第一年到第五年，A图形设计公司及其推荐顾客的购买金额列表如下（见图1－3）。

表 1-1　A 图形设计公司及其推荐顾客的购买金额　单位：元

	第一年	第二年	第三年	第四年	第五年
基本产品和服务销售收入	800	0	0	0	0
新产品和服务销售收入	0	500 250	500 200	250 250	3000 200
获得客户及服务的成本	850	100	100	100	100
被推荐客户：来自于新的忠实客户的销售收入	0	800	750 800	700 750 800 800	500 700 750 750
利润	-50	1450	2150	3450	5800
利润总额			12800		

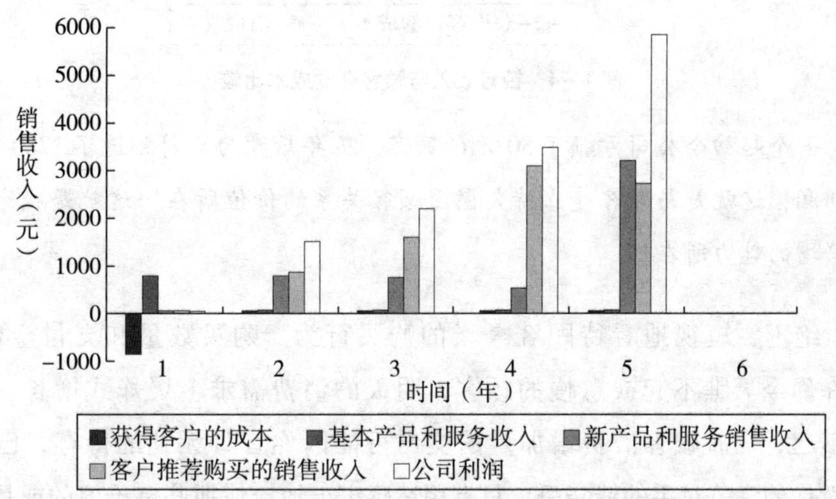

图 1-3　一个持续 5 年的顾客创造的利润价值

从图 1-3 可以直观地看出，随着 A 图形设计公司与 H 软件供应商顾客关系保持时间的延长，A 图形设计公司为 H 软件供应商创造的利润越多。由最初第一年 800 元平面软件的第一笔销售额导致了第二年至第五年各种软件销售12800元的增加额，其中A图形设计公司不断进行向上购买和交叉购买，为H软件供应商直接创造了5150元的销售额；另外，A图形设计公司直接和间接推荐购买又创造了8100元的销售额，两项相加销售额共计13200元，销售曲线呈大幅上升趋势。顾客平均开发成本，则由第一年的850元，下滑为第二年起的100元/年，顾客开发成本曲线呈急速下降至平稳的态势（见图1－4）。

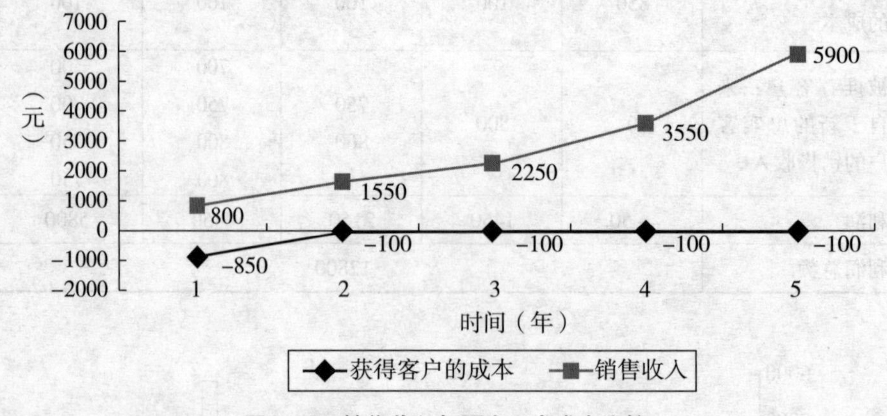

图1－4　销售收入与顾客开发成本比较

一个起初令公司亏损了50元的顾客，五年后竟为公司创造了12800元的利润！这就是与顾客建立持久稳固顾客关系的价值所在！这就是顾客价值倍增的魅力所在！

绝不要短视地看待顾客今天的购买行为、购买数量和支付金额，也许你今天瞧不起或怠慢的顾客，明天的消费需求会爆炸式增长，但对不起，届时顾客消费增加量的支出可能因你昔日无礼的待客，已然转入你的竞争对手的钱袋里。只有用情感牢牢地拴住那些有价值的或具有潜在价值的顾客，提高他们对企业的满意度和忠诚度，尽可能延长顾客的生命周期，才能实现顾客价值的倍增。所以，如何让顾客保持长期的满意度和忠诚度，如何与顾客建立持久而稳固的顾客关系，是每个企业应积极思考和着力关注的问题。

算一笔账：单次利润 VS 终身价值

一位毕业于美国名校的年轻律师，刚打完第一场官司并胜诉后，得意扬扬地向同样担任律师的父亲炫耀："老爸，这种案子在我手上几天就解决了，哪像你花了四年还没结案？"他父亲回答道："儿啊！你知道你大学昂贵的学费是从哪里来的吗？"

这显然是过去那个年代的笑话。在竞争日趋激烈的现代，如果没能满足顾客的需求，就会立即遭到撤换的命运。因此，想要长久地留住顾客，绝不能使用拖延战术或是敷衍两句就行了，必须在观念上彻底改变，要重视顾客"终身价值"的存在。

事实上，有不少企业正式而且试图评估出顾客的终身价值，比方说对福特汽车而言，当你从选购一辆汽车开始，他们便预估你将会带来至少30万美元的价值。想想看，当30万美元送上门时，我们能不赶快把顾客奉为上宾，提供无微不至的服务吗？

虽然福特汽车因为重视顾客，以客为尊而成功，但遗憾的是，大多数人或公司却只为眼前的短期利益而丧失长期的可观利益。

根据日本知名企管顾问角田识之的研究，一般交易活动中买卖双方的情绪热度呈现出两条迥然不同的曲线，销售员从接触顾客开始其热忱便不断升温，到签约时达到巅峰，此后便一路下滑，等交了货、收完款后更是急剧降温，售后服务就别提了。

然而顾客的情绪却是逐渐上升，但总是在需要服务的时候，才赫然发现两者的落差，求助无门。两条虚线之所以有如此的"剪刀差"，就是卖主太过于短视而近利，反而忽略了长远的顾客终身价值。此时顾客固然是悔不当初，但这对企业而言，其实更是个难以弥补的伤害。

所以，当我们要追求企业的发展，尤其希望能建立永久经营的事业体时，我们就必须把眼光放长远，不但要重视顾客的眼前价值，更需要进一步来创造、提高顾客的终身价值。

该怎么做呢？首先，要保证产品的品质，使它能符合顾客的“需求”，更要符合其“理念”，能全面融入顾客的生活中；其次，要能提供良好的“消费体验”，让其吸收、参与和感动；培养出满意的顾客，使其建立起对你的品牌的忠诚，进而与顾客一同分享、学习和成长。总而言之，需全方位的顾客满意，才有顾客终身价值的产生。

所以，可以归结出另一张曲线图，交货之后不但要提供售后服务，还要热情地提供终身服务，培养“终身顾客”，进一步创造“终身价值”。请记住，唯有超越顾客的期待，方能达到全方位的“顾客满意服务”，进而成就您自己的事业。

现在业界普遍接受的一个营销观念就是以顾客为中心，随着市场竞争的加剧，越来越多的企业从关注与顾客的单笔交易逐渐向关注顾客的终身价值转变。因为，企业只有获得高价值的顾客才能够获得更高的利润。什么才是高价值的顾客？顾客终身价值理论为企业鉴别和筛选有价值的顾客找到了方法论。

顾客终身价值是指顾客可能给企业带来的收益总和。它包括三个方面：历史价值（到目前为止已经实现了的顾客价值）、当前价值（如果顾客当前行为模式不发生改变的话，将来会给公司带来的顾客价值）和潜在价值（如果公司通过有效的交叉销售可以调动顾客购买积极性，或促使顾客向别人推荐产品和服务等，从而可能增加的顾客价值）。顾客终身价值的理论和实践应用是顾客关系管理的分支，通过长期量化、跟踪、分析顾客给企业带来的价值，以及预测顾客的潜在价值，可以有效地为企业识别出高价值的顾客。

实际上，有些顾客比另外一些顾客有价值，而有些顾客不但不能给企业带来利润，反而会减少企业的利润。这里所说的顾客就是一些只给企业带来单次利润的顾客。

只给企业带来单次利润的顾客为什么会“不能给企业带来利润，反而会减少企业的利润”呢？单次利润也是利润啊！在这里就和大家一起探讨一下这个问题。

试想，只给企业带来单次利润的顾客是什么样的顾客？这些顾客一般是在购买产品或者是接受服务的时候带着消极的负面情绪的顾客。虽然与这些顾客的交往结果是成交了，但是，这次销售的成功可能会给企业带来一些抱怨、投诉、找碴儿的顾客。这样的顾客虽然能够给企业带来单次利润，但是他已经后悔了当时的选择：我当初为什么要购买这个产品呢？它的颜色不好，功能不全，价格也不合理，真是倒霉。这个顾客虽然给企业创造过单次利润，但是他的这种负面效应会引发“蝴蝶效应”，这将严重影响企业品牌的市场口碑，这次交易的后果就是：单次生意利润、一个低价值的顾客、负面的市场口碑。由此，从企业的长期发展来看，这样的顾客实际上就是减少了企业的收益。

即使是单次购买的顾客不会给企业的口碑造成什么影响，单次利润也远远比不上终身价值。比如，某企业开发了一个40岁的新顾客，他单次购买能够给企业创造200元的利润。他的购买周期是每个月1次，他可能会在以后的20年都需要这项产品，那么这位顾客的终身顾客价值计算如下：

200元/次×12个月×1次/月×20年=48000元

这个公式只是计算了由于顾客的购买行为带给企业的利润，忽略了由于他的正面宣传而带来的其他顾客所创造的利润。由此可见，仅由该顾客自己的购买行为创造的终身价值就比单次购买创造的利润多得多。所以，我们的企业要重视培养忠实顾客，这是企业取得长期利润的根本途径。

经调查发现，获得新顾客的成本是相当高的——包括广告、销售、开创新业务及顾客学习过程。而留住老顾客的成本——包括维系服务的成本和沟通成本在不断下降。因为在留住顾客的时候，顾客会不断购买产品并且会将产品推荐给其他人，这就会不断给企业带来收入。据估算，获得顾客的成本是维护现有顾客的 6 倍（巴斯基 1994 和瑞持海尔德 & 萨瑟 1990 数据）。当然了，不同的行业具体数据会有些不同。

无须多说，通过以上事例就能够看到顾客终身价值的优越性。成功的企业都会评估顾客的终身价值，从而真正的重视顾客和服务（见图 1 –5）。

北欧航空公司：
每位商务旅行者20年的价值，48万美元

卡迪拉克：
每位客户30年的价值，33.2万美元

万宝路：
每个烟民30年的价值，2.5万美元

里茨酒店：
每位客户20年的价值，14.4万美元

多米诺比萨饼：
每位客户20年的价值，4万美元

AT&T：
每位客户30年的价值，7.2万美元

可口可乐：
每位客户50年的价值，1.1万美元

图 1 –5　著名企业的顾客终身价值

聪明的营销不是卖产品，而是留住顾客

很多企业为了卖出产品，想尽千方百计来吸引顾客，比如降价促销、赠送产品等。这些做法的实质就是试图“贿赂”顾客，即使一时间卖出了产品，也不能获得顾客的忠诚度。而真正能够给企业带来利润的是如上一节所述的那些忠实的顾客，所以聪明的营销不是卖产品，而是留住顾客。

实际上为了卖出产品而“贿赂”顾客的做法，虽然将产品卖出去了，但是增加了营销成本，不会给企业带来利润。

20 世纪 80 年代，美国的租车公司模仿航空公司以里程累计活动

来培养顾客的忠诚度，通过对租车时间长的顾客提供免费租车、馈赠运动用品、行李箱等方式来鼓励其多消费，安飞士（Avis）、巴吉特（Budget）和赫兹（Hertz）等租车行业的领先企业都先后加入了这场向顾客“行贿”的运动，随着赠品的价值越来越高，最终演变成为了一场恶性竞争，顾客忠诚度不但没有得到明显提升，日益上升的营销成本反而吞噬了租车企业原先的利润份额。这就是只顾卖出产品，而不懂得怎样留住顾客的恶果。

保持顾客的关键是合作与双赢策略。合作与双赢有利于培养顾客的忠诚度。在与顾客的交往当中如果过分强调产品和利益的交往，那就失去了营销工作的初衷。顾客之所以选择你的产品，除了他对你的产品的安全性和所带来的利润无所顾虑外，更重要的是他还能从你那里得到与众不同的信息和价值。如果在销售当中你始终能够让顾客有这种感觉，那么他就会成为你的忠实顾客。所以，营销更多的是要考虑顾客的感受，而不是急于销售产品。

要保持顾客就要让顾客感到“物有所值”。不少企业认为让顾客感到“物美价廉”是提高销售量的关键，或许这并没有错。但是，我们销售的目的是要获得利润，没有人愿意干赔本的生意。企业靠“促销”“打折”来吸引顾客只会给企业和品牌带来不利的影响，尤其是一些老品牌打折或者促销，会使顾客认为产品的质量出现了问题或者是该品牌与其他品牌相比失去了竞争优势。因此，打折或促销有时候不但不能吸引顾客，反而会使企业失去原有的忠实顾客群。因此，要保持顾客，让顾客认为“物有所值”才是最重要的。

企业要保持顾客还需要注意一点，就是要善于倾听顾客的意见与建议。顾客与企业之间是一种平等交易的关系，在合作双赢的同时，企业要尊重顾客，认真听取顾客的意见或建议。尤其是在顾客抱怨的时候，不要显露出不耐烦的样子，要认真倾听，并且把顾客所述的重点问题记录下来，这样会让顾客感受到你的重视。当然了，更重要的是要核实问题，将解决问题的方法及结果反馈给顾客。顾客的意见得到了采纳，顾客成了改进产品的参与者，这会大大提高顾客对产品的关注兴趣，当然也就保持住了顾客。

要善于倾听顾客的意见和建议，最好的办法是建立投诉和建议制度，鼓励顾客积极向企业反馈问题。因为，相关调查表明，95%的不满意顾客是不会投诉的，他们只会停止购买，因此，企业要建立方便顾客投诉的机制，以便随时了解顾客的“怨言”，及时解决问题，留住顾客。

美国著名的福特汽车公司，每年拥有250万名顾客，为了了解他们的需求，公司定期邀请一些顾客与产品设计人员和汽车推销员讨论产品及销售服务等问题，并专门设计一种软件数据系统，供各部门经理和雇员详细了解掌握顾客的意见。一次有位顾客抱怨说，乘坐福特汽车不愿在后排，因为后排空间太小腿伸不开，很不舒服。听到这个意见后，公司立即将前排座位下部进行了调整改进，加宽了前后排之间的距离。这一举动赢得了顾客的普遍称赞，使福特汽车更加畅销。

因此为顾客服务，不仅要面带笑容、热情周到，更重要的是从市场调查、产品设计、广告宣传到刺激购买，每一环节都紧紧围绕着顾客。

总之，把产品卖出去并不是销售的最终目的，留住顾客，培养顾客的忠诚度，才是营销的聪明做法。我们需要投资多少去维护顾客，留住顾客呢？表1-2是代表性基金公司的顾客维护费占比情况。

表1-2　2011年基金公司顾客维护费占管理费之比

基金公司	顾客维护费占比（%）
纽银梅隆西部	38.76
平安大华	25.74
大摩华鑫	35.95
浦银安盛	24.09
诺德基金	24.01

优秀销售员做人的生意，普通销售员只是卖产品

如前所述保持顾客比卖出产品更重要，因为，只有保持充分的客源，企业才能财源滚滚。所以，一个优秀的销售人员做的是人的生意，普通的销售员是卖产品。

“做人的生意”，这对销售来说十分重要，大概大家早已说过以下论断：

“把顾客的满意度提高 5 个百分点，其结果是企业的利润增加一倍”；

“2/3 的顾客离开供应商是因为供应商对他们的关怀不够”；

“93% 的企业 CEO 认为顾客关系管理是企业成功和更有竞争能力的最重要的因素”。

所以优秀的销售员做的都是人的生意——维护顾客关系。

那么怎样才能处理好顾客关系呢?

对于销售员来说要维持好顾客关系就要与顾客交朋友，像了解你的好朋友那样了解你的顾客的爱好、习惯、风险、层次等。更重要的是要做出准确的顾客忠诚度分析（包括顾客对某个产品或商业机构的忠实程度、持久性、变动情况等）；顾客利润分析（不同顾客所消费的产品的边缘利润、总利润额、净利润等）。

除了对顾客做这些分析以外，在与顾客的交往过程当中还要做到：

第一，时刻替顾客着想。合作的结果在于双赢，因此，要为顾客着想，不要把顾客不需要或者是没有用的东西卖给顾客，另外要尽量减少顾客不必要的开支。

第二，体谅顾客，不为难顾客。谈生意要把握天时、地利、人和，在对方不方便谈时不要强人所难。比如对方手头上有急事要处理，而购买你

的产品不是他现在急需考虑的问题，这时候你就要知趣地走开。不要为了销售产品而咬住顾客不放，这样只会让顾客对你更加反感。在你了解到了顾客的境况时，选择有礼貌地说：谢谢你，再见。你的善解人意会让顾客觉得很抱歉甚至内疚，下次一有机会他就不会忘记补偿你；一个懂得体谅的人最会赢得顾客的尊重和信任。

第三，信守原则。诚信是为人之本，一个人无论从事什么职业都要讲究诚信，人无信不立。在与顾客打交道的时候，不要轻而易举地许诺，一旦许诺就要兑现，这是做人做事的最起码的原则。

另外，不要无条件的满足顾客的要求，要让顾客知道你在推荐产品给他时同样遵守了一定的原则，这样他们才能放心与你合作和交往。例如，当顾客的要求损害了公司或者其他顾客的利益的时候，要坚决不同意。因为当你在顾客面前损害公司或别人的利益时，他会担心他的利益也正在受到威胁。如果顾客要求售后服务更周到一点，或者是对产品的使用方法做一个培训，这类只是多花费一些自己的时间，而不影响别人的要求是可以答应的。

第四，要切合实际情况与顾客讨论他们的具体要求。在与顾客沟通的时候，要先听听顾客的声音，然后再切合顾客的实际情况交换意见。避免对那些关于销售价格、产品展示、广告设计、突发事件等进行无休止的讨论，以免节外生枝，让顾客听到不高兴的信息。

第五，让每笔生意有个漂亮的结尾。很多销售员在一笔生意做完之后与顾客的合作就终结了，其实这是最不妥的做法。实际上一次生意结束的时候，正是给下次合作创造机会的最佳时期。在合作暂告一段落的时候，一定要给顾客留下一个好印象。这时候可以选择送一些合适的礼物给顾客，如果是合作效益不错，就要送给顾客一些让他感到意外的实惠。因为在合作结束的时候送给顾客一些礼物，能够弥补你前面工作的不当之处，迅速拉近你和顾客的关系，有时候能够让你与顾客从合作关系发展到朋友关系。

以上是优秀的销售员保持顾客的常用方法，销售人员只有懂得这些做人的生意的方法，才能真正做好销售。

从4P销售到4C再到4R，从市场份额到顾客份额

20世纪60年代E. 杰罗姆·麦卡锡教授套用了营销组合理论并将营销组合中的主要因素定义为4P，即产品（Product）、价格（Price）、促销（Promotion）、渠道（Place），并以此为基础建立了新的市场营销理论体系。4P理论的实质是让营销过程理性化，以便更好地操控营销行为。虽然4P理论为企业思考营销活动提供了四种容易记忆的分类方式，简化了营销，使其便于记忆和传播，但是，这一理论对于情况复杂的现代营销管理的作用就相对减弱了。过分盲目使用4P理论会忽略顾客作为购买者的利益特征，忽略顾客是整个营销服务的真正对象。

20世纪90年代，以劳特朋为首的一批学者以及唐·舒尔茨在4P营销的基础上提出了4C营销理论，即需求（Consumer's needs）、支付成本（Cost）、双向交流（Communication）、购买便利性（Convenience）。4C营销理论虽然重视以顾客为中心进行企业营销活动规划设计，但是过分关注顾客需求，无企业自己的想法，导致企业利润下降，影响企业的长远发展。

实际上有人对市场份额偏低的企业调查发现，其利润较高。也就是说利润率和市场占有率之间不存在单一的关系。

在市场份额战略越来越受到理论界和企业界质疑的情况下，企业开始重视顾客的生涯（终身）价值，并意识到不仅要寻找留住顾客的方式，而且还要鼓励顾客购买相关的产品和服务，并向他人宣传消费公司产品和服务的良好经历。于是2001年，艾略特·爱登伯格在《4R营销》当中提出

了4R营销理论，即关系（Relationship）、反应（Reaction）、关联（Relate）、回报（Return）。4R营销理论能够着眼于企业与顾客建立互动与双赢的关系，把企业与顾客联系在一起，形成独特竞争优势（见表1-3）。

表1-3　4P、4C、4R理论比较

理论	内容	进步性	不足
4P	产品（Product） 价格（Price） 促销（Promotion） 渠道（Place）	把营销简化并便于记忆和传播	忽略了顾客作为购买者的利益特征，忽略了顾客是整个营销服务的真正对象
4C	需求（Consumer's needs） 愿支付成本（Cost） 双向交流（Communication） 购买便利性（Convenience）	以顾客为中心进行企业营销活动规划设计	过分关注顾客需求，无企业自己的想法，利润下降，影响企业长远发展
4R	关系（Relationship） 反应（Reaction） 关联（Relate） 回报（Return）	着眼于企业与顾客建立互动与双赢的关系，把企业与顾客联系在一起，形成独特竞争优势	—

4R营销理论为顾客份额的提出奠定了基础。顾客份额就是指一个企业为某一顾客所提供的产品和服务在该顾客同类产品和服务消费总支出中所占的百分比。顾客份额的基本观点是：通过提高顾客满意度以实现顾客忠诚，从而拥有较高的顾客维系率，而良好的顾客关系的维持不仅降低了交易成本，而且还可以使企业在更长的时间内、更广泛的需求范围通过满足顾客需要而获得更多的收益。而伴随着顾客生涯价值概念的提出及相关研究表明，来自忠诚顾客的利润随着时间的延续而增加，投资于赢得顾客忠诚的努力，保持顾客会使企业获得长期稳定的较大收益。具体来说顾客份额战略会为企业带来三个方面利益：①利润增长。Reichheld（2001）的研究表明通过维持顾客忠诚可以带来利润的增长。②需求满足。着眼于顾

客份额，意味着企业要立足于满足现有顾客的需求。③学习能力。顾客份额追求的是与顾客建立长期密切的关系，在此过程中，双方的合作有利于培养企业的学习能力。

在现代市场当中消费者是真正的主人，市场营销从“请消费者注意”到“请注意消费者”的转变，说明了企业要想发展就要重视顾客的作用，就要注意培养自己的忠实顾客。顾客是唯一一种越用越多的资产，对于这种战略资产，就必须投入，投入，再投入；维护好一个顾客，在一生中给你的利润回报是开发成本的2400倍。维护好一个老顾客胜于开发一个新顾客。赢得顾客，就等于赢得财富；得罪顾客，就等于自断财路。

由图1-6可以看出，4P's是以产品为中心，以产品的性价比领先取胜；4C's是以顾客为中心，以服务领先创造的顾客满意取胜；4R's是以顾客关系为中心，以服务系统优势实现顾客关系管理的水平取胜。

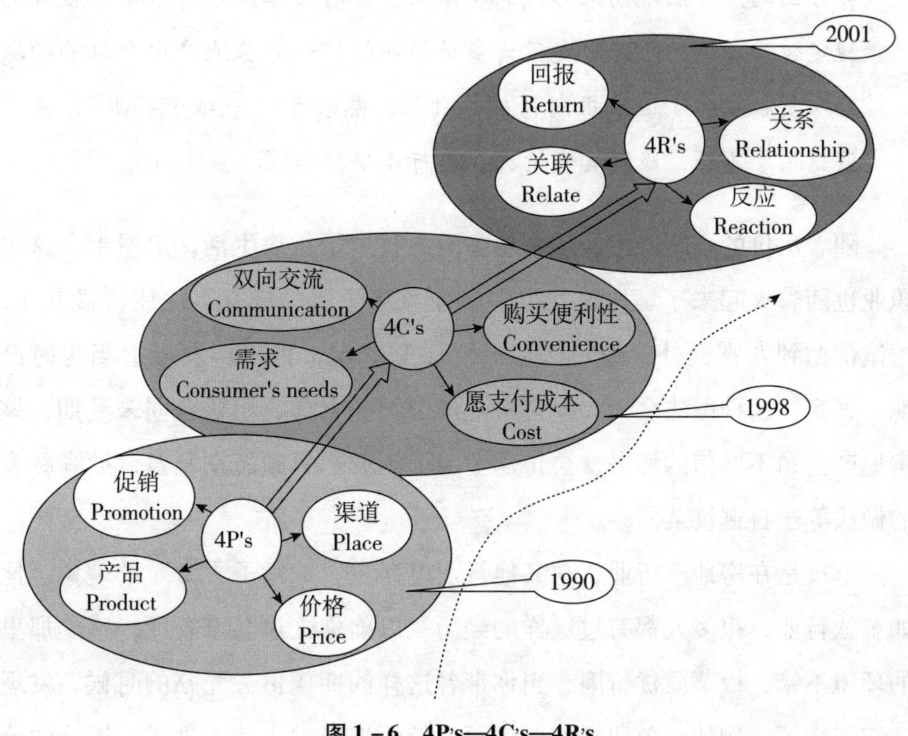

图1-6　4P's—4C's—4R's

如今，靠“一锤子买卖”无法生存了

如今市场竞争越来越激烈，生意越来越难做，很多商家存在这样的心理：抓住一个顾客就狠狠地赚上一笔。然而作为顾客谁也不是傻子，被狠宰一次后谁还会再次光临呢！“一锤子买卖”无异于杀鸡取卵，虽然实现了眼前利益，却丢失了长久的生意，所以商家靠“一锤子买卖”无法生存了。

说到“一锤子买卖”这个现象在房地产行业比较多见，很多房屋中介都热衷于“一锤子买卖”。如法制网所报道：

“法院在审理居间合同纠纷中发现，由于目前我国房地产中介服务方面的法律法规尚未形成完整体系，现有法律法规对于中介服务的规定较为原则，于是引发了诸多居间纠纷。部分房地产中介机构的从业人员往往出于追求短期利益的目的，热衷于‘一锤子买卖’，置诚实信用于不顾，隐瞒真实情况，进行违规操作。”

随着房价的不断升温，越来越多的人过上了租房生活，房屋中介这个职业也随着火起来了。但是，很多中介急于生意的成交，往往言过其实，把诚信抛到九霄云外，他们认为只要成交落定，租户再发现上当为时已晚。其实，这种做法会大大损害房地产公司的名誉，租赁合同未到期，该房地产公司不诚信的坏名就会传遍业界。因此，只顾短期利益，欺瞒顾客的做法等于自掘坟墓。

不仅是在房地产行业，在其他行业也存在“一锤子买卖”的现象。比如餐饮行业，很多人都有过这样的经历，以前你去过某家餐厅，感觉那里的环境不错，饭菜质优价廉，当你带着这样的期望再去光临的时候，发现一切都变了。例如，免费赠送，供顾客随便选择的小菜不见了；饭菜的价格涨了好多；你最喜欢的一道菜偷工减料换了口味。当你在哪里有类似的遭遇时，下次你绝对不会再想着去那里用餐。餐厅在拥有了一部分老顾客，积累了一定的市场份额后就改弦更张，这种做法虽然在短期内能够增加餐厅的收入，但是这不是长久之计，当顾客决定再也不来了的时候，老顾客就会慢慢地消失，生意自然会冷淡下来。虽然有的餐厅的前期做法只是一种促销手段，但是当顾客已经接受了这种方式的时候，餐厅再改变方式，自然会让顾客有受骗的感觉，顾客会因餐厅不诚信而不再光临。

你可以骗一个人，但是，你不可能骗一个人一辈子；你可以骗一群人，但是，你不可能骗一群人一辈子。

大部分顾客最认可的是诚信经营、薄利多销，因此，“一锤子买卖”已无立足之地。企业要想长久发展，获得更多的利润，还是要把心思用在打造自己的忠实顾客上面，因为有客源，才会有财源。在微利时代，不能只赚顾客一次的钱，要赚顾客一生的钱。

第二章

不让老顾客流失的办法

任何企业只有一个总经理，那就是客户。他只要用把钱花在别处的方式，就能将公司的董事长和所有雇员全部炒鱿鱼。

——萨姆·沃尔顿

拉顾客难，拉住顾客更难！寻找新顾客，保持住老顾客，是人人都懂的赚钱大道理，问题是如何不让老顾客流失？

抓住重点——降低顾客流失率是销售的重要环节

有位营销专家说："你所遇到的每一个人都有可能为你带来至少200个以上潜在顾客。"这对销售人员来说无疑是一个好消息，但是我们静下来想一下，如果一个顾客流失了，那么你失去的不仅仅是一个顾客，而是至少要失去200个潜在顾客，并有可能让你在前进的道路上大大的摔一跤。因为，顾客流失对企业的信誉、口碑、知名度、市场份额和销售量都会有影响。所以，对于企业来说千万不要忽视顾客流失率，要把降低顾客流失率当成销售的一个重要环节。

那么，企业要如何降低顾客流失率呢？具体可从以下几方面着手：

1. 提高产品质量

顾客最关心的是产品质量，如果产品质量差，即使价格再低也不会有人买，因为没有人愿意花钱去买没用的东西。所以，产品质量是吸引顾客的根本，是销售额增加和获得利润的唯一途径。因此，企业必须时刻在产品质量上下工夫，让顾客真正享受到高质量的产品，才能不断地吸引顾客，留住顾客。

2. 树立良好的品牌形象

企业要不断改进产品、服务、人员和形象，提高自己的品牌形象。另外，还要改善服务和促销网络系统，设置方便顾客购买的流程，从而让顾客对该产品更加满意，以便更好地维持顾客关系，树立良好的品牌形象。

3. 强化与顾客的沟通

当企业获得了一位新顾客的时候，一定要将企业的产品种类和服务宗旨向顾客介绍清楚，以便获得新顾客的信任。当老顾客有什么抱怨或者不满的时候一定要及时沟通，积极解决问题，在坚持原则的情况下尽力维护顾客的利益。顾客自然会非常感激，以至于成为该产品的忠实顾客。

4. 以顾客为中心

企业的销售人员必须学会从顾客的角度思考问题，以顾客为中心。并且要向顾客传达出企业对待顾客的问题的态度，让顾客明白企业上下都是以顾客为中心的。销售人员要以顾客为中心就要学会改述顾客的意见。例如，面对顾客对产品质量的抱怨，销售人员应当说："如果我理解的没错的话，您想说的是我们的产品没有恰当地发挥作用。"在顾客的抱怨比较多的时候，学会询问"我们应该怎样做比较合适"，这样就能够有效地了解顾客的不满，顾客也会感到你是站在他的角度上考虑问题的。

5. 做好创新

企业的产品如果跟不上市场的变化，就会在激烈的市场竞争当中处于不利地位。企业只有不断创新，迎合市场的需求，跟上时代的步伐，才能真正赢得一些忠实的顾客，只有那些引领市场的企业，才能获得最后的成功。

6. 加强市场监控力度，保证顾客利益

很多情况下，猖獗的窜货往往是导致顾客流失的罪魁祸首。企业应适时进行市场巡查，以便及时发现问题，并争取时间采取措施控制事态蔓延，有效降低经营风险，保住顾客。一旦发现窜货迹象，要及时向企业反映，及时采取措施控制窜货发生，从而降低经营风险。很多情况下，猖獗的窜货往往会使顾客利益受损，顾客无奈之下会放弃产品经营离企业而去。

降低顾客流失率既是一门学问，又是一门艺术，它需要企业根据自己的实际情况，不断地去摸索、总结。但是，降低顾客流失率的最根本的方法就是做好与顾客的沟通、交流，时时刻刻吸引顾客，让他们对企业、对产品完全信赖，无心再去关注其他的品牌（见表 2－1）。

表 2－1　　降低顾客流失率的基本方法

方　法	原　理
提高产品质量	产品质量是吸引顾客的根本，是销售额增加和获得利润的唯一途径
树立良好的品牌形象	让顾客对该产品更加满意
强化与顾客的沟通	以便获得顾客的信任
以顾客为中心	有效地了解顾客的不满
做好创新	企业只有不断创新，迎合市场的需求，跟上时代的步伐，才能真正赢得一些忠实的顾客
加强市场监控力度，保证顾客利益	窜货往往是导致顾客流失的罪魁祸首，及时采取措施控制窜货发生，从而降低经营风险

亡羊补牢——研究顾客为何会流失掉

顾客对企业的意义非常重大，相信不必多说大家也早已了解。因此，大多数企业都在小心翼翼地维护着顾客，然而仍有很多企业为失去顾客而烦恼，顾客为什么会流失呢？我们只有知道顾客流失的原因，企业才能够亡羊补牢，抓住现有的顾客。分析发现，顾客流失的原因通常有以下几种：

1. 销售人员流动导致顾客流失

如今，营销人员是每个公司最大最不稳定的“流动大军”，如果控制不当，在他们流失的背后，往往伴随着顾客的大量流失。研究发现，销售人员流动导致顾客流失是现今顾客流失的重要原因之一，特别是公司的高级营销管理人员的离职变动，很容易造成大批顾客的流失。因为，这些营销人员手上有自己的渠道，也是竞争对手所看重的最大的个人优势和资源。竞争对手企业往往会提供更优厚的待遇挖走手中有渠道的营销人员。

2. 竞争对手夺走顾客

20%的优质顾客能够给一个企业带来80%的销售业绩，这是个恒定的法则。所以，每个行业里的企业都在不惜一切地拉拢优质顾客，这也是导致优质顾客流失的主要原因。因此，有些优质顾客今天是你的，也许明天他就会在竞争对手的动之以情、晓之以理、诱之以利下，成为你的竞争对手的优质大顾客。

任何一个品牌或者产品都有自己的软肋，而商战中的竞争对手专门研究你的软肋，一有机会，就会乘虚而入，拉拢你的大顾客。所以企业一定要注意改进自己的不足，不要让竞争对手抓住把柄。

3. 市场波动导致失去顾客

无论是内部原因还是外部原因，任何企业在发展中都会遭受震荡，企业的波动期往往是顾客流失最多的时期。追求利润是顾客的本性，以利为先的绝大多数商人都是墙头草，哪边有钱可赚就会倒向哪边。所以，如果你的企业资金周转出现问题，或者是企业的发展遇到了瓶颈，你的大多数顾客会在这个时期纷纷倒戈。

4. 细节的疏忽使顾客离去

顾客与厂家是由利益关系纽带牵在一起的，但情感也是一条很重要的纽带，一些细节的疏忽，往往也会导致顾客的流失。企业在把消费者当成上帝的同时，千万不要忽视了上帝的感受。如果在一些细节问题上你没有为“上帝”考虑周到，“上帝”就有可能因此离你而去。比如，虽然你的产品非常优惠，但是当顾客不远千里前来洽谈业务的时候，你连他最起码的住宿问题都没有帮忙解决，顾客来到后再去匆匆忙忙找宾馆，试想他还会对你有什么好感呢？

5. 诚信问题让顾客离去

人无信不立，企业也是这样，如果一个企业的诚信出现问题，顾客往往会选择离开。有些业务经理喜欢向顾客随意承诺条件，结果又不能兑现，或者返利、奖励等不能及时兑现，顾客会感觉这个企业毫无诚信可言，因此选择离开。所以，千万不要轻易向顾客许诺，一旦企业的工作人员向顾客许了诺，即使企业没有这样的规定，也要督促许诺人员向顾客兑现诺言，否则企业将会被怀疑不守信用。

6. 店大欺客，顾客不堪承受压力

店大欺客是营销中的普遍现象，一些著名企业的苛刻的市场政策常常会使一些中小顾客不堪重负而离去。或者是身在曹营心在汉，抱着一定抵触情绪来推广产品。一遇到合适时机，就会甩手而去。医药、大型超市连锁企业就是典型的例子，一些小企业进店费用很高，对小企业而言根本就接受不了，一个单品要一万元的进店费用，但是一般的大众消费品卖多少才能够赚到进店费啊，企业真的不曾考虑吗？难道不是这些曾经的小企业把你的生意和市场做大和做强的？

7. 企业管理不平衡，令中小顾客离去

营销人士都知道“二八法则”，很多企业都设立了大顾客管理中心，对小顾客则非常冷淡，甚至置之不理。广告促销政策也都向大顾客倾斜，使得很多小顾客产生心理不平衡而离去。其实不要小看小顾客 20% 的销售量，如果一个年销售额 10 亿 ~ 20 亿元的公司，照推算其小顾客产生的销售额也有 2 亿 ~ 4 亿元，且往往会因为小顾客的维护成本低，而赚取到的纯利润率比大顾客高，算下来绝对是一笔不菲的数目。因此，企业真的应该重视一些小顾客，你的大顾客是红花，也应该有绿叶的陪衬呀。

8. 自然流失

有些顾客的流失属于自然流失，公司管理上的不规范，长期与顾客缺乏沟通，或者顾客转行转业等。关键所在就是企业的市场营销和管理不到位，不能够与一线的市场做更多的沟通，现在的商业领域很广泛，生产企业也处于供大于求的状态，所以企业如果不能够很好地维护你的顾客，那么流失顾客的资源是非常正常的表现。当代企业应该加强企业的管理、市场、营销的观念，从理性的战略思维角度多为顾客着想，为自己企业的员工想想，为自己的产品开发想想，这也是摆在一些企业工作中首要的问题。

以上是顾客流失的常见原因，企业一定要在这些方面做好防御工作，以防止顾客流失。

力挽狂澜——如何让已经流失的顾客再回头

美国市场营销学会曾做过一项顾客满意度的调查，调查数据显示：每100个满意的顾客会带来25个新顾客；每收到1个顾客投诉，就意味着还有20个有同感的顾客；争取1个新顾客比维护1个老顾客要多6~10倍的工作量，顾客水平提高20%，企业的营业额将提高40%。

所以说，挽回流失的顾客是企业降低销售成本的最好方法。

在现代社会，人们对于消费有了更多选择。当他们决定购买时，你应当成为他们的第一选择。因此，重要的是，你目前的顾客能够继续选择你。但即使你的业务做得很好，顾客也可能会来也匆匆、去也匆匆。那么，如何挽回匆匆而去的顾客呢？

1. 深入了解流失的原因

很多顾客流失的原因都是企业可以避免的，如顾客流失是因为企业对其投诉和抱怨处理不当、反对企业某项政策的调整、竞争对手的攻势或者一线员工的怠慢等。但是，顾客流失的原因各不相同，企业只有认真分析各个顾客流失的原因，才能找出哪些顾客是可以挽回的，哪些顾客是不能够挽回的，以便有目的地展开挽回顾客的工作，避免造成挽回资本的浪费。

管理人员应采取以下措施，分析顾客流失原因，发现经营管理工作中的失误，以便采取改进措施，提高本企业产品和服务的消费价值。

(1) 明确顾客流失的含义

不再购买本企业产品和服务的顾客显然是跳槽者。但是，有些顾客会继续购买本企业的某些产品和服务，改向竞争对手企业购买另一些产品和服务；有些顾客在本企业的消费数额增加，但他们在本企业的消费份额却明显下降。这些顾客是不是流失者？美国显微扫描公司（MicroScan）管理人员认为这些顾客是部分流失者。

显微扫描公司为医院化验室生产自动化微生物化验设备。20世纪90年代初，为了进一步提高竞争实力和经济收益，管理人员要求销售人员了解客户跳槽原因。在医疗设备业，完全跳槽的客户极为少见。购买医疗设备之后，客户会在很长一段时间里继续购买售后服务和易耗品。因此，销售人员向管理人员反映，他们几乎无法找到流失的客户。

显微扫描公司的销售人员完全忽视了部分流失者。这类客户并没有从该公司购买他们需要的所有设备、易耗品和服务。此外，管理人员还发现有些小型化验室是完全流失者。因此，管理人员要求销售人员与每一个完全流失的客户和一批部分流失的客户交谈，了解他们流失的根本原因。调查结果表明：客户既怀疑该公司医疗设备的可靠性，又对该公司售后服务不满。

不少管理人员不愿听取客户的意见。他们会寻找各种理由，为自己的失误辩护。但是，显微扫描公司管理人员却并不寻找任何理由。他们虚心听取流失者的意见，重新研制新型医疗设备，提高化验精确性，缩短化验时间；并迅速推出低档医疗设备，满足小型化验室的需要；重新设计客户服务程度，以便迅速解决客户面临的问题，为客户提供优质售后服务。通过短短两年的努力，该公司不仅在市场上确立了领先的地位，而且明显地提高了经济收益。

（2）识别核心顾客

保持核心顾客的忠诚感，企业才能取得明显的竞争优势。明确核心顾客，是企业的一项重要的战略工作。要识别核心顾客，管理人员必须回答以下三个问题：

一是哪些顾客对本企业最忠诚，最能使本企业赢利？管理人员应识别消费数额高、付款及时、不需要多少服务、愿意与本企业保持长期关系的顾客。

二是哪些顾客最重视本企业的产品和服务？哪些顾客认为本企业最能满足他们的需要？

三是哪些顾客更值得本企业重视？任何企业都不可能满足所有顾客的需要。企业应尽力留住重要的顾客。竞争对手企业更重视的顾客必然会从本企业流失。

通过上述分析，管理人员可识别本企业最明显的核心顾客。然后，确定核心顾客的定义，以便确定本企业应深入了解哪些流失者的意见。在这个分析过程中，管理人员还应仔细研究各类数据，例如本企业在各个细分市场赢利数额，各类顾客终身购买本企业产品和服务，可使本企业获得的利润数额的现值，各类顾客在本企业的消费份额，各类顾客会在多长一段时间内购买本企业的产品和服务。

不少企业管理人员认为每一位顾客都是重要的顾客。有些企业管理人员甚至会花费大量时间、精力和经费，采取一系列补救性措施，留住使本企业无法赢利的顾客。但是，在顾客忠诚感极强的企业里，管理人员会集中精力，为核心顾客提供较高的消费价值。

管理人员不仅应了解本企业顾客流失的原因，而且应了解竞争对手企业的顾客为什么会改购本企业的产品和服务，分析这些新顾客是否符合本企业核心顾客的条件，本企业的市场沟通活动是否能吸引核心顾客改购本企业的产品和服务。

(3) 找出顾客流失的根本原因

管理人员应分析顾客在其生命周期各个阶段与本企业相互交往情况。例如，储户要求开立账户，是储户与银行之间的首次交往。此后，储户与银行的每次接触，如存款、取款、问询、投诉、核对存款数额、查询利率等，都会影响储户感觉中的消费价值。银行管理人员分析各类交往的频率，深入了解储户对各类交往的意见，采用帕累托（Vilfredo Pareto）法则(80%的问题是由20%起因引起的)，就能确定储户流失的主要原因。

企业无法控制的因素，例如顾客生活中的重大变化和竞争对手企业的促销活动，也会引起顾客跳槽。银行、保险公司等服务性企业的管理人员都知道：顾客调动工作、搬家、改变生活方式、家庭重大变化（结婚、生育、离婚、死亡等）等都会增大顾客的跳槽可能性。如果企业不能为顾客提供额外的消费价值，顾客生活发生重大变化之后，几乎都会流失。

高层管理人员应亲自调查顾客流失原因，而不应委托企业外部营销调研人员完成调查工作。外部专业人员不太了解企业的经营管理情况，很难发现企业失误的根本原因。

企业应组织高层管理人员、基层管理人员和销售人员组成调查小组。

首先，小组成员必须统一思想，充分理解调查工作的重要性。不少人不愿与陌生人交谈，更不愿与不满的陌生人交谈。因此，高层管理人员必须明确规定调查小组每个成员都必须亲自听取流失者的意见。

其次，调查小组应确定调查对象。如果企业尚未收集到足够的信息，无法确定重要的跳槽者，高层管理人员可安排专人给一批流失的顾客打电话，了解他们在多长一段时间内购买过本企业的产品和服务，收集他们的人口统计数据（年龄、经济收入、文化水平等），以便识别流失的核心顾客。电话调查人员应区别流失者（改购竞争对手企业产品和服务的顾客）和从前的顾客（不再购买者，例如公共汽车的乘客改骑自行车）。电话调查人员还可为高层管理人员和跳槽者面谈预约时间。通常，大多数流失者很愿意向高层管理人员投诉，反映意见。有时，企业需花钱买批评。

再次，调查小组每位成员应调查 10～25 名流失者，调查 1/4～1/3 流失者之后，应再次开会，每位成员都应汇报自己收集到的意见，共同研究如何解决调查过程中出现的问题，交流调查工作经验，并根据初步调查结果，提出初步改进方案，以便在今后调查过程中，集中精力征求流失者对这些方案的意见。

最后，调查小组应根据调查结果确定本企业的改进措施。有些措施可立即实行，有些措施需大量投资，高层管理人员应作进一步分析和研究。基层管理人员和销售人员参加调查小组，不仅可帮助高层管理人员正确理解顾客的行为方式，而且会更努力执行调查小组提出的改进措施。

有些核心顾客可能会“伪装”为次要的顾客。这部分流失者在本企业的消费份额远远低于他们在竞争对手企业的消费份额。把这类顾客看成本企业无法赢利的顾客，调查小组就不会认真听取他们的意见，也就无法采取有效的措施，留住这些重要的顾客。要防止这类问题，调查小组成员既应分析部分流失者目前消费数额，还应分析他们历期消费数额，以便正确判断本企业可从他们那里获得的利润数额。

（4）鼓励员工学习

了解顾客流失原因，分析企业的失误，确定改进措施，是一个学习过程。提高员工学习能力，企业才能提高竞争实力和经济收益。管理人员不仅应为员工提供正确的信息，还应采取一系列措施，鼓励员工正确使用这些信息，改进工作。

高层管理人员应制定有效的考核、奖励、晋升制度，鼓励员工学习。在不少企业里，员工不了解学习的目的，就不会花费时间和精力了解顾客流失的原因。要激励员工的学习积极性，高层管理人员必须根据顾客流失率，考核员工的工作实绩。

有些企业已经制定有效的奖励制度，鼓励员工提高常客率。这些企业的管理人员仍应经常向员工强调忠诚顾客的重要性。美国国营农场保险公司（State Farm lnsurance）通过仔细地分析和计算，发现常客率增加1%，销售员的年收入就可增加20%。高层管理人员为员工提供这类信息，可有效地提高员工学习自觉性。

（5）制定失误分析制度

掌握流失顾客调查方法和失误分析技能之后，管理人员可从流失的顾客那里获得大量信息，以便改进经营管理工作，提高企业的竞争实力和经济收益。管理人员必须持久地做好这项工作。首先，管理人员应制定考核制度，检查各类改进措施是否能有效地降低顾客流失率。管理人员应分析顾客在本企业消费份额变化情况，计算消费份额增加或减少的顾客百分率，并分别计算各类顾客（最好的核心顾客、其他核心顾客、一般顾客、可以失去的顾客）流失率。此外，管理人员还应统计各类失误的频率，以便判断本企业是否已解决原先存在的问题，并及时发现新出现的问题。

管理人员直接向顾客学习，可提高经营管理决策工作的正确性。不少企业管理人员经常忽视或错误理解顾客流失的原因。要促使他们学习，企业应制定管理人员听取顾客意见制度。

提高顾客消费价值，是企业提高顾客忠诚度的关键；提高企业的学习能力，是提高顾客消费价值的关键。向顾客学习，是企业的重要学习方式。了解顾客流失原因，管理人员可获得大量信息，发现经营管理工作中存在的问题，采取必要的措施，提高顾客的消费价值，增强企业的竞争实力，提高企业的经济收益，确定企业的发展方向。管理人员必须持久地做好这项极为重要的工作。

2. 开展最优秀的营销员评选活动

企业开展优秀营销员的评选活动，对积极参与的新老顾客发放礼品，这有助于调动新老顾客参与的积极性。企业可借此机会和已流失的顾客加强联系，消除顾客的不满，让其重新回来。

3. 发邀请函

企业要不断创新，当新产品上市的时候，企业可以向已经流失的顾客发邀请函，邀请其参加新产品的发布会，并且承诺老顾客购买产品有优惠。借这个机会向已流失的顾客传达新产品的优势，以及企业对待顾客的态度，让已流失的顾客对企业重新产生信任。

4. 积分促销双管齐下

顾客流失是每个企业都不能避免的问题，企业想要抓住顾客的心，可以采取积分的方法。顾客和企业合作的时间越久优惠就越多，到了一定级别的老顾客，逢年过节还可以收到企业赠送的礼物。也就是要和顾客共赢，在企业保持了客源的情况下，也让顾客得到实惠。

定期用促销来回馈老顾客也不能少。当然了，定期促销是建立在不损害企业的利益的基础上的，既能让企业把滞销的产品销售出去，促进资金回笼，也能让顾客得到实惠。

5. 成为业务资源

帮助某人并不总是意味着马上就能获得回报，对待已经流失的顾客也是如此。虽然你知道了该顾客已经流失，你仍然要帮助他们做一些事或给他们提供一些建议。这样，当他们再一次寻找你所能提供的产品或服务时，你将会成为首选。你了解他们越多，就越能够通过了解他们的需求给他们提供协助。

所谓交人交心，对待顾客也是这样，只要你真心地为顾客着想，消除已流失顾客的不满，那么，这个顾客就会重新回到你的身边。

以下是21个留住顾客的服务行动指南：

①为潜在客户及顾客建立一套档案系统，以便排定联系及服务的时间表。

②每年至少去拜访顾客一次。

③偶尔安排一些无关销售的拜访。

④定期寄送快讯。

⑤寄送生日或特别事由的卡片。

⑥为顾客准备礼物。

⑦寄送桌历和彰显服务特色的礼物。

⑧社交性拜访。

⑨告知有关产品或服务内容的最新信息。

⑩为每一位助理或同事准备好一份涵盖每一位客户资料的档案，以备不时之需。

⑪当你不在办公室的时候，要有人可以全职照应你的工作。

⑫你要有一个接班计划，以备万一你退休等情况，有后继人选。

⑬帮你的同事或助理也跟客户建立良好的关系，以便在你生病或休假时，一样能为客户提供服务。

⑭准备电话、传真机、QQ、微信、微博，可能的话，还有可连线的沟通设备。

⑮将你自己变成顾客的影响力中心，保持你及你的组织的能见度，并且可以随时服务顾客。

⑯最好有一个持续性的公关计划。

⑰有针对目标市场的广告宣传。

⑱保持活跃、尽可能出现在那些有好客源的俱乐部或组织里。

⑲与客户分享你的荣耀及成就，让他们知道你是最优秀的专家。

⑳每一季至少要打一通电话，去问候重要潜在客户跟顾客，做基础社交。

㉑确保销售期间答应顾客的事都能在期限之前做好，或最好做得多（因此你要有一套办法，检查该完成的工作都能完成）。

成功原理——“员工第一，顾客第二”

很多企业受“顾客就是上帝”理论的影响，把顾客看的比员工重要，然而众多成功企业的经验证明，企业只有拥有人才，才会拥有未来的竞争优势。企业之间的竞争归根结底是人才的竞争，因此企业应该重视人才的培养，首先留住人才，然后再考虑顾客的问题。

人类的一切社会实践都离不开人，企业如果没有人，又谈何顾客呢？所以，企业老板要记住一句箴言：“员工第一，顾客第二。”然而我国很多企业都是一边招人，一边人才流失。员工流失已经成为企业人力资源管理的日益突出的一个重点问题。人才的大量流失给企业造成了巨大的损失，尤其是核心员工的流失更是给企业带来了不可估量的有形和无形成本。核心员工的流失不仅能带走商业技术秘密和珍贵的顾客关系，同时还会影响在职员工的情绪，挫伤团队的士气，更糟糕的是核心员工的“跳槽”会直接改变企业与竞争对手的实力对比。因此，企业时刻要把员工放在第一位，想方设法留住员工，其次才是考虑顾客的问题。请参看顾客—员工满意镜模型（见下图）。

实际上，导致员工流失的原因中除了极少数员工本身的素质问题外，所有的原因几乎都可以归结到不完善的企业人力资源管理体制上。因此，解决企业员工流失问题的最为重要的途径是从人力资源管理机制层面入手，完善企业人力资源管理工作中的每一步程序，更好地充当企业与员工沟通的桥梁，防患于未然，最大限度地为企业留住人才。从人力资源管理机制的角度看，留住员工的基本策略可以归纳为 5 个关键点：成为员工愿意为之工作的企业；选择合格人才；使用好人才；建立有效的薪酬体系设计；优秀的企业文化。

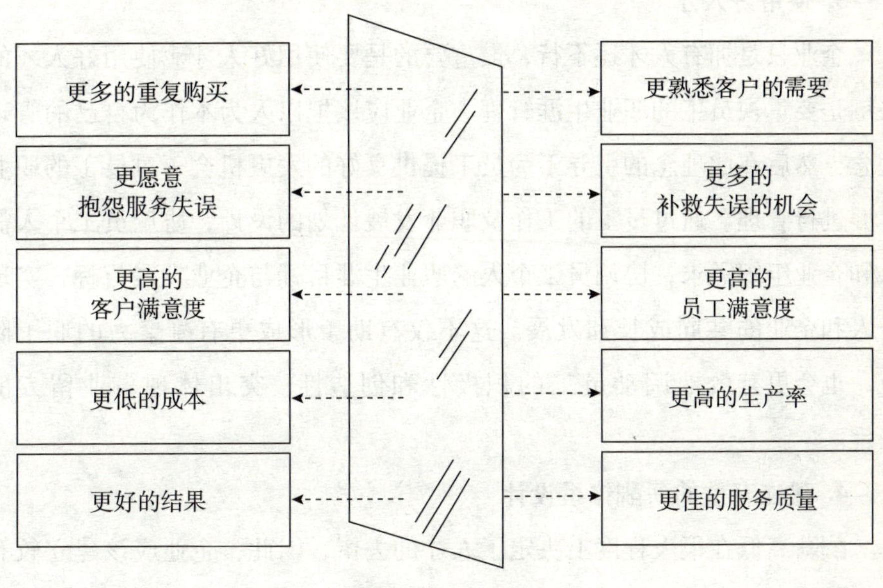

顾客—员工满意镜

1. 成为员工愿意为之工作的企业

企业要想让员工心甘情愿地为之付出，就要加快企业内部人事制度的改革。首先设立专门的人力资源管理部门，变过去的“人事管理观念”为“人力资源管理”的新的管理理念。

传统的人事管理主要是寻找具有一定技能的人来弥补工作岗位之缺，新的人力资源管理应该做到人尽其能，既让员工不断地学习新知识，又让员工尽情地发挥自己的潜能。

2. 选择合格人才

企业只有选对人才能做对事，如果企业选用了不合格的人，必然会给以后的工作造成麻烦。企业要想选对人首先要对工作进行全面和深入的分析，得到翔实的工作说明书，然后根据工作的具体特点和对工作人员的要求，来确定选人用人的标准。有了明确而有效的标准，就可以通过心理、能力等测评和工作考核，选拔和任用符合工作需要的合格人员。

3. 使用好人才

企业只是拥有人才还不行，最重要的是要使用好人才。使用好人才的关键是要重视员工的职业生涯管理。企业应该把以人为本作为自己的管理理念，然后在此理念的引导下为员工提供良好的发展机会，对员工的职业生涯进行管理。通过员工的工作及职业发展计划的设计，协调员工个人需求和企业组织需求，协调员工个人的职业生涯目标与企业发展目标，实现个人和企业的共同成长和发展。这不仅有助于形成更有凝聚力的职工队伍，也会更有效地调动员工的积极性和创造性，突出体现事业留人的宗旨。

4. 建立有效的薪酬体系设计

酬薪高低在很大程度上决定了人才的去留，因此，企业应该建立较有吸引力的酬薪体系，以便留住人才。企业应该以工作绩效为依据，向员工发放工资、奖金、佣金、各种奖励、各种股权等。物质激励是最基本的激励方法，也是别的激励方法所不能比的。如果建立了有效的薪酬制度，企业就会进入期望—实现—满足的良性循环；但是如果薪酬制度不合理，就无法调动员工工作的积极性，员工就会不断流失。企业保障待遇优厚可以稳定员工，留住人才，保证工作和人际关系的延续性。因此，企业一定要建立一套行之有效的薪资制度来吸引、留住员工，提高他们对企业的认同感，进而帮助企业在市场竞争当中脱颖而出。

5. 优秀的企业文化

优秀的企业文化可以使员工确立共同的价值观念和行为准则，在企业内形成一股强大的凝聚力和向心力，使员工产生自我约束和自我激励。实践证明，企业文化建设重视以下两个方面就能够留住员工：一是要培养核心员工的忠诚度。因此，首先，为员工展示一个美好的发展前景，使员工具有极大的工作积极性；其次，以情动人，让员工感觉到企业对自己的关怀和重视，他们会将心比心，自觉地热爱企业、忠于企业；二是要培养员工的归属感。优待对企业忠诚的员工，尽量少接纳在别的企业表现不好被解雇的员工。在这种价值取向的影响下，员工一经被录用便会尽心努力的工作，争取长期留在企业里。

技术难点——制造顾客离开的“障碍”

制造顾客离开的障碍，就是考虑当竞争对手的产品或者是服务会吸引你的顾客过去的时候，提前对此制造顾客“叛变”的障碍。不让水流走的一个办法就是把堤坝建高，同样，不让顾客流失的一个办法就是不断把顾客的转换障碍加高，即不断增加顾客使用替代品的转换成本。如果顾客叛变他原有的利益就会丧失或者遭到损害，最好是使顾客离开得不偿失，这样顾客就不会轻而易举地离开了。

实践证明，制造顾客离开的障碍是一个保留和维护顾客的有效办法。因此，从企业自身来说，要不断标新立异，改进技术手段和治理方式，提高顾客的转移本钱和门槛；从情感方面来说，企业要想方设法和顾客保持亲密的关系，让顾客在情感上忠诚于企业，对企业形象、价值观和产品产生依靠和习惯心理，就能够成为企业的忠实顾客。

企业要制造阻止顾客离开的有效障碍，最关键的一点是深入地了解自己的顾客。企业要想建立顾客的忠诚度，只靠标榜是不够的，要有一套切实可行的能够帮助你理解和满足顾客需求和期望的策略。这类策略之一就是寻找途径通过顾客的眼睛来看你的公司。

方法之一是取一份调查表，然后自己扮作顾客填写。看一看顾客通过调查表能够透露出哪些信息。借此，企业就可以知道自己的调查表设计得是否合理，通过调查表是否能够获得想要得到的信息。

方法之二是邀请一位顾客在下次会议上发言。听听来自顾客的好话和坏话要比营销人员展示图表更有效。

在平时和顾客沟通的时候，也可以问一下顾客：如果我们答应你一件可以变革的事情，那么你最希望我们在哪件事情上做出变革？

这样做不但能够深入了解顾客，在顾客不满的地方做出改变，阻碍顾客的叛离，而且还能让顾客感到你对他们非常尊重，非常重视他们的意见，有问题他们会选择跟企业交流，而不是默默无闻地流失。

另外，情感纽带是顾客流失的主要障碍之一。企业一定要改变以往的单向灌输式的信息传播方式，要尽量与顾客进行沟通和互动，让顾客介入其中，才能建立起长期的不乱的顾客感情和情谊，从而立于不败之地。因为，品牌的层次与其顾客参与的程度存在着一种正比的关系。如果企业品牌在顾客心目中的层次和地位较低，顾客参与企业的愿望也相对较弱。而假如一个品牌在顾客心目中的层次和地位较高，甚至以为这个品牌关系到自己的切身利益，那么这个顾客就越愿意介入这个企业的各种活动，企业与顾客的关系越紧密，特别是当他们将品牌视为一种精神品牌，这种介入程度就会达到最高境界。这时候无论竞争对手使出什么方法，顾客都会对你保持绝对的忠诚度。

操作风险——保持销售团队的相对稳定

虽然员工离职是每个企业都不可避免的现象，但是员工离职的风险性非常大，尤其是员工主动离职会带给企业带来更大的风险，主要包括以下几大风险。

1. 关键技术或者商业秘密泄露

如果是企业中掌握关键技术的人才跳槽，会将企业的关键技术带走；或者离职员工手上掌握着企业的商业秘密，如果帮助竞争对手，将对企业的业务造成冲击。

2. 动摇军心

企业一旦发生员工离职，特别是关键岗位员工或管理人员离职，势必对未离职的员工产生负面影响，某些影响力大的员工离职事件会造成群体心理动荡，减弱组织的向心力、凝聚力，动摇员工对企业发展的信心。

3. 岗位空缺

员工主动离职直接的后果就是岗位空缺，关键岗位的空缺会使企业无法正常运转，高层管理人员离职后的空位成本会更高。

4. 给顾客带来困惑

企业员工离职会给顾客带来很多困惑：如员工离职是否会影响自己的业务？是否重视同自己的业务？是否能够继续提供满意的产品和服务？即使是企业会及时派一个替代员工继续为该顾客提供服务，但是该顾客对这位替代员工能否为自己提供满意的服务表示怀疑，他们会担心替代员工没有原来的员工优秀。

5. 顾客流失

与企业顾客直接打交道的销售人员，尤其是销售经理，掌握着顾客的第一手资料，与顾客保持良好的交往，甚至与顾客的关系非常密切。这些员工离开企业时，经常会带走一批或大部分顾客，甚至将顾客带给竞争对手，使企业失去顾客和市场。

6. 集体跳槽

集体跳槽的情况自20世纪90年代以来就在我国屡见不鲜。企业中关键人才往往在员工中具有较大的影响力和感召力，甚至有一批忠实的追随者。因此，经常发生的情况是，某位关键人物如总经理或部门经理的离开会带走一批员工，结果可能会使企业瘫痪。

一切生产活动都是人的活动，如果没有人其他一切工作都将无法进行，更何况员工离职会给企业带来那么大的影响，因此，企业一定要保持销售团队的稳定性，如果销售人员离职，销售将无从谈起。

企业要保持销售团队的稳定性就要有自己的独门秘籍，比如在企业没有资金大幅度提升员工的福利待遇的时候，可以采取“以义制利”的方法。“以义制利”可以有效避免营销人员对于薪酬待遇的聚焦，充分发挥情感留人的优势。企业要善于创造内部分享的文化和环境，给销售人员提供展示个人成就的舞台。让销售人员有机会分享自己的成功案例，既可以由此获得自身的成就感，又能够影响和带动其他的人。这种零成本或低成本的激励方式，一方面容易批量复制，另一方面也给予员工荣誉感和归宿感；在企业不用为资金发愁的时候，就可以运用利益分配的调节杠杆来留住销售人员。营销人员的薪资结构通常为“底薪＋提成”式，而且一般是月度发放。这种利益分配方式，容易让营销人员为了短期的业绩努力打拼，而忽略了长期契约关系。为了稳定队伍，提高忠诚度，企业可以采取降低提成点数，略微提高底薪保障，同时增设指标奖金的方式，并引入“风险留存金和年终奖金”。

总之，企业只有保持销售团队的稳定性，才能够保持顾客的稳定性，提高销售额。但是每个企业的情况不同，保持销售团队稳定性的方法也不尽相同，各个企业要根据自己的实际情况采取最有效的方法。

实战经验——防止竞争对手夺走你的顾客

在激烈的市场竞争中，经常会出现自己的一些顾客被竞争对手采取降价或者其他方法抢走的现象。如何防止竞争对手夺走你的顾客，这是困扰很多企业和领导的现实问题，下面我们就看一下如何防止竞争对手夺走你的顾客。

竞争对手想要夺走你的顾客无疑会采取一定的攻势，如降低价格或者是提高综合性服务水平或者是其他的方法。要防止竞争对手夺走你的顾客，就要认真分析竞争对手用什么样的方法能够夺走你的顾客。

如果是单纯的采取低价策略就能夺走你的顾客，那说明你的产品与竞争对手的产品属于完全一样的同质化产品，根本上没有本质上的差别，所以顾客只能是用价格这唯一的因素作为衡量和选择的标准。这时候为了避免竞争对手抢走你的顾客，就要想方设法提高自己的产品质量，让自己的产品与竞争对手的产品具有明显的差异化特征。

如果是企业的服务无法令现有的顾客感到满意，根本没有与顾客建立起良好的、稳定的、长期的合作关系，顾客对企业的“感情”还没有形成牢固的关系，所以很容易见异思迁，甚至找出各种理由离开企业，这时候就要站在顾客的立场上去分析，顾客为什么对公司缺乏忠诚？企业如何做，才能形成稳定的顾客群体？让作为一个忠诚的顾客能得到怎样的与众不同的回报？企业对顾客是否区别对待了？对老顾客、大顾客有没有什么优惠措施？因为抓住了大顾客，也就抓住了业务收入的 80%，企业的业务也就有了保障。

世间万物都在不断地进行着变化，企业也是一样。几乎每家企业每年都要进行机构或人事调整，这个时候是竞争对手渗透挤进的好时机，因此，企业在调整期要迅速完善企业制度，工作人员要迅速到位，避免出现漏洞，让竞争对手有机可乘。

另外，要避免竞争对手夺走自己的顾客，就要充分了解竞争对手的产品及销售情况。如果对竞争对手的销售状况及弱点有很好的了解，在竞争对手争夺你的顾客时，应对起来就会得心应手。

有一位经理曾经说过：我不相信单纯依靠推销术被动竞争能做好生意，但我相信禁止我的推销员讨论竞争对手的情况是极大的错误。由此我们可以看出，掌握竞争对手情况的重要性。掌握对手情况主要是掌握对手的售后服务和发展速度怎样，产品的真正价格是多少，对手在销售中的弱点等，能够做到未雨绸缪，一旦竞争对手真的发起攻击，也能够从容应对。

有心计的推销员还会从竞争对手招聘推销员的广告中了解对方推销员流失的程度，然后抓住这个机会拉拢对方的顾客。而有的推销员为了摸清对方的销售情况，在对方招聘推销员或其他工作人员时，作为应聘者到对方公司应聘，以便从中得到有利于自己的销售信息。当然后者是一种不道德的竞争方法，但是我们不能不防备竞争对手会采取这样的方式来摸底，进而夺走我们的顾客。所以，企业在发布招聘信息和招聘新人的时候也要防止被竞争对手利用（见表2－2）。

表2－2　防止竞争对手夺走顾客

竞争对手方法	预防方法
降低价格	提高产品质量
提高服务水平	抓忠诚顾客；优惠大顾客、老顾客
趁调整期渗透	迅速完善企业制度，工作人员迅速到位，避免出现漏洞
综合方法	了解竞争对手的产品及销售情况，抓竞争对手的弱点
作为应聘者到公司应聘	在发布招聘信息和招聘新人的时候也要防止被竞争对手利用

平常心态——保持正常的顾客流失率

顾客流失率是指顾客的流失数量与全部消费产品或服务顾客的数量的比例。它是顾客流失的定量表述，是判断顾客流失的主要指标，直接反映了企业经营与管理的现状。

顾客流失是每个企业必须面对的问题，对于企业经营来说是一种风险，但是有些顾客的流失是在所难免的。

顾客流失的原因不外乎价格问题、服务问题或者其他情况，如果单纯是价格问题，那就没有办法了，这样的顾客流失就流失吧！因为他们是对价格非常敏感的低价值顾客，即使通过降价暂时得到了他们，也不会赚到钱，而且也很难长久。

还有就是那些用“自动流失”来要挟企业的顾客，能够放弃的也放弃吧，企业不能够无原则的满足顾客的一切要求。因此，企业保持正常的顾客流失率是正常的。

顾客流失率怎样计算呢？什么是正常的顾客流失率呢？

顾客流失率分为绝对流失率和相对流失率两种，这两种顾客流失率的计算方法不同。

计算公式如下：

绝对顾客流失率 =（流失的顾客数量/全部顾客数量）×100%

相对顾客流失率 =［（流失的顾客数量/全部顾客数量）×流失顾客的相对购买额］×100%

如果一家企业的顾客数量从400减少到380，那么它流失的顾客数量为20，绝对顾客流失率即为20/400×100% =5%。绝对顾客流失率把每位流失的顾客同等看待。相对顾客流失率则以顾客的相对购买额为权数来考虑顾客流失率。若流失的20为顾客的单位购买额是平均数的3倍，那么相对顾客流失率即为20/400×3×100% =15%。

企业得出顾客流失率以后，就要尽力降低顾客流失率。一般来说降低顾客流失率的方法步骤如下：

第一步：计算出顾客的绝对流失率和相对流失率。

第二步：分析导致顾客流失的原因，并找出可以改进的地方。

第三步：估算一下失去这些顾客所导致的利润损失。当一个顾客流失时，损失的利润就相当于这个顾客的生涯价值，也就是说，相当于这位顾客在正常年限内持续购买所产生的利润。

第四步：计算降低流失率所需要的费用。只要这些费用低于所损失的利润，公司就应该花这笔钱去挽回顾客。如果做到了这些还是有一部分顾客无法挽回，那么这些顾客就是正常流失的顾客。正常流失的顾客/企业的顾客总数×100%，得出的就是正常的顾客流失率。在正常的顾客流失率以内，企业可以允许顾客流失。

【案例】

美国 Hertz 公司的顾客服务

在从注重数量向注重质量转变的消费时代，顾客越来越要求企业提供细致、周到、充满人情味的服务，要求得到购买与消费的高度满足，于是，如何深切的体验顾客的要求，改进对顾客的服务方式，针对顾客的消费的每一环节进行细致而深入的服务，就成了企业赢得顾客的必备条件。

Hertz 公司是世界上最大的汽车租赁公司。其在 1989 年开发了 Hertz#1 Club Gold 程序，建立了一个强大的顾客数据库系统，存储顾客的各种资料和消费记录。从顾客租赁汽车的每一个步骤出发，从电子剪贴板到 in－car 浏览系统到电子签名板，最大限度地便利顾客租赁汽车，从而使顾客租赁汽车成为一个令人愉快的过程。

自从 Hertz #1 Club Gold 程序投入使用以来，Hertz #1 Club Gold 成员已达到两百多万，占到 Hertz 公司在美国总的汽车租赁商务的 40% 以上，而且到目前为止他们都是公司最忠实的顾客。

以下简要介绍 Hertz 公司获得成功的关键性因素和从中获得的经验教训。

1. 商业目标

Hertz 公司的商业目标是最大限度地便利顾客，从顾客的角度出发，设计顾客满意的服务过程，从而获得较大的市场份额。主要包括：

向顾客提供始终如一的、品牌化的消费体验。

节省顾客的时间，避免让顾客对公司的工作产生不满。

缓解电话中心的压力，降低公司运营成本。

扩大公司市场占有率，拓宽海外市场。

为顾客提供自我管理的机会。

Hertz 公司通过使用和不断改进 Hertz #1 Club Gold 程序逐步达到公司的目标，以下将研究 Hertz 公司获得成功的商业秘诀。

2. 成功因素

（1）建立统一的顾客背景数据库

顾客不愿意每次租赁汽车时都填写详细的申请表格，告诉汽车租赁公司相同的个人情况，浪费自己的时间。为了解决顾客的这个问题，Hertz 公司提出了建立 Hertz #1Club Gold 顾客背景数据库程序的设想，通过这个数据库，Hertz 公司给它的#1Club Gold 顾客提供一个一年一次的租赁协议。通过这个系统，顾客不用在每次租借车时都签名，也不用在租借柜台前苦苦等待了！

Hertz 公司是第一个认识到保留顾客背景数据库的重要性的汽车租赁公司。数据库中保留每一个顾客的姓名、汽车等级偏好、信用卡号码、地址、公司信息和历史租赁记录，Hertz 公司在全世界范围内提供汽车租赁服务，以前顾客的信息散落在不同地区的数据库之中，公司难以得到一个顾客的完整信息，现在通过使用一个专一的全球化顾客数据库，在全球范围内收集顾客的信息，确保为顾客提供一个统一的、稳固的服务体系。

（2）节约顾客的时间，最大限度地方便顾客

Hertz 公司监控飞机的到达和延误，以确保在顾客到达前就为他准备好汽车。当顾客一下飞机，就可以看到公司的电子信号，指引顾客到汽车停放点，顾客所租的汽车敞开着车厢停在事先选择好的停车位置，顾客的姓名显示在所租车的位置上，当顾客进去后，可以到一个临时指定的#1 Culb Gold 程序计数器那儿，不用任何签名，只需向 Hertz 公司代表出示他们的驾驶执照，并取他们的车钥匙和租借记录，然后就可直接去取他们的车。

（3）帮助顾客到达目的地

Hertz 公司认为仅仅为顾客提供一个地图并不能帮助顾客到达他们的

最终目的地，在租赁的汽车上安装全球化的定位系统（GPS）。GPS系统输入了全美和世界一些地区的详细地图。Hertz公司与加利福尼亚州的GPS厂商Magellan系统公司合作对Rockwell的GPS进行了改进。特征是：在汽车上设有一个便于阅读的显示屏地图；用箭头大且清晰的指示顾客在何时和何处转弯；当司机错过了出口或转错弯时能迅速给出新路线。

GPS系统同时还可以查询离顾客最近的旅馆、快餐店、加油站、医院等。

顾客需要的场所的确切地址。Hertz公司通过地图的更新、辅助的信息和实时的交通路线来优化和改善GPS系统。

(4) 合理化汽车回收程序

Hertz公司也在汽车回收程序上做了一些创新。在1997年，公司引进了Hertz及时回收程序。当顾客还车时，Hertz公司的代理人在车旁向还车的顾客问候，输入行车里程和油量信息，处理收回手续，并用便携式打印机给顾客打印一个收据。Hertz公司同时建立了许多Hertz回收中心，回收中心的停车场上有遮雨的帐篷，当顾客从车里出来，从车厢里取回行李和上车时，可以避免遭受风吹雨淋。Hertz公司计划在1999年年末建成40个回收中心。今天，及时回收程序已在美国和加拿大的110多个地区使用，澳大利亚和七个欧洲国家也在使用这个程序。

(5) 自助式销售和旅行代理网络

Hertz公司建立了一个自动化销售网站，以满足顾客和旅行代理人的查询和预订需求。网站提供顾客服务和事务处理功能。顾客可以输入他们要预订车的日期和地点，选择他们所感兴趣的车型，并可以得知预订是否得到确认。

Hertz公司网站同时为旅行代理人提供网络预订系统。例如，旅行代理人不仅可以预订车辆，也可以获得顾客的公司折扣信息和所提供的不同车辆的照片。后者是他们用标准的CRS系统所做不到的。这样，顾客不仅可以在网络上获得信息和预订车辆，也可以通过旅行代理人获得他们所预订的车辆。这是一种Hertz公司所期望的自由争论的交互方式。

第三章

牢牢地“锁住”顾客

不让顾客流失掉，就得牢牢地Hold住顾客！仅仅停留在对老顾客重要性的认识上显然远远不够，必须得落实到具体行动上，想出好的点子，把老顾客牢牢地锁定在自己手里，细水长流，赚他一辈子的钱！

尽可能详尽地掌握顾客方方面面的信息

顾客是企业的重要之源之一，企业的利润全部来源于顾客。顾客是销售人员获取成功果实的种子，销售员对顾客了解的越全面，销售成功的概率就越大。

对公司而言，成功不仅仅意味着把产品或服务出售给个别的购买者，更意味着了解谁是你的客户，了解他们的背景并能比其他竞争对手更好地满足客户的要求。要清楚地了解客户，最好的办法之一就是帮助你的客户，这就意味着必须对重点客户的业务了如指掌，特别是重点客户所面对的市场需求情况。如果能比客户自己更早发现潜在的市场机会，然后同客户一道共同策划，挖掘并把握这些潜在的机会，以此来提高客户的竞争实力，这样双方都获益良多。

能洞察出潜在的市场机会，并非单纯去探听客户或者客户的顾客之需求，而是要求对客户业务的战略思想、客户本身以及客户所面对的市场有一个深入的了解。要有分析、研究和策划的技巧，开放的思想，对未知事物的好奇心以及开拓创新的精神，同时还要对客户的灵活性、创造性和经验充满信心。挖掘潜在的市场机会要耗费大量的精力。正因为如此，只能有选择性地针对重点客户进行。在执行时，必须与客户结成团队，发掘出对其具有重要价值的机会，并帮助其付诸实施。

销售员要尽可能详尽地掌握顾客方方面面的信息，挖掘顾客的实际内在需求，以此来打动顾客。尽量详细地了解顾客的日常生活习惯及其家庭背景，比如，顾客的家庭收入状况，喜欢的运动，喜爱的餐厅和食物，饲养的宠物，喜欢阅读的书籍，上次度假的地点和下次休假的计划，在单位的职务，同事之间的关系，今后的工作目标和发展计划等。

了解了顾客的个人信息可以为企业提供很多有价值的内容，从而有效地指导销售工作。要想全面地了解顾客的信息，就要从多个渠道收集我们所需要的信息。顾客信息对以后的销售工作影响很大，因此销售人员要严格认真地掌握顾客方方面面的信息。下面就介绍一些掌握顾客信息的方法。

1. 搜索

在网上搜索和顾客有关的信息，比如，进入企业网站、新闻报道、行业评论等，了解和顾客相关的信息。网上搜索来的信息量比较大，覆盖面也比较广泛。但是，信息的准确性、可参考性不高，需要经过筛选方可放心使用。

2. 专业网站

各行业内部或者行业之间为了促进发展和交流，往往设立有行业网站，或者该方面技术的专业网站。这些网站以专业的眼光看行业，具有借鉴性，企业间可做对比。但是，这些网站上的信息深度不够，不过可以到一些免费的专业网站上了解和顾客有关的信息。

3. 权威数据库

权威数据库是指国家或者国际上对行业信息或者企业信息有权威的统计和分析，是可供参考的重点，对企业销售具有重要的指导作用。数据库里的内容一般具有权威性和准确性，但是，不太容易获得。

4. 展览会

各行业或者地区定期或不定期会有展览，很多企业都会去参展，销售人员到展览会上能够了解到更丰富具体的信息。但是，要注意展览会的时间不要错过了。

5. 竞争对手

从竞争对手那里获得顾客的信息也是一个好方法。

6. 顾客企业

到顾客所在的企业去了解一些相应的必要信息。

7. 老顾客

新顾客会和老顾客之间有一定的信息相同之处，因此，销售员在了解新顾客信息的时候，别忘了借鉴类似的老顾客的信息，或者听取一些老顾客的建议，从老顾客那里获得行业内部的一些信息。从老顾客那里获得的信息的针对性和具体性可参考性高。但是，这些信息容易带有老顾客的主观思想色彩，销售员应该客观地进行评价。

8. 市场考察

做好市场考察，来获得潜在顾客的需求信息。

9. 会议与论坛

了解一下相关会议和论坛的内容，一些专业人士的观点会对行业的发展起到很深的影响。

10. 专业机构

让专业机构帮你调查顾客信息。

销售人员收集完顾客的信息，了解顾客信息的工作并没有结束，还要及时对这些信息进行分类整理，便于查看和掌握。要学会挖掘、提炼信息价值，使收集的各类资料最大限度地服务于企业销售（见下表）。

谁是你的客户

1. 描述你的当前客户： 年龄 性别 收入水平 职业 如果是企业，那么： 企业类型 规模	□个人 □企业
2. 他们来自何处	□本地 □国内其他地方 □国外

续 表

3. 他们买什么： 产品 服务 好处	
4. 每隔多长时间他们购买一次	□每天 □每周 □每月 □随时 □其他
5. 他们买多少 按数量 按金额	
6. 他们怎样买	□赊购 □现金 □签合同
7. 他们怎样了解你的企业	□广告、报纸、广播/电视 □口头 □位置关系 □直接销售 □其他（要注明）
8. 他们对你的公司/产品/服务怎么看 （客户的感受）	
9. 他们想要你提供什么 （他们期待你能够或应该提供的好处是什么?）	
10. 你的市场有多大 按地区 按人口 潜在客户	
11. 在各个市场上，你的市场份额是多少	
12. 你想让市场对你的公司产生怎样的感受	

了解客户的另外一个好办法就是多接触一些别人的客户。你或许认为把精力集中在从未拥有过的客户身上是一种时间上的浪费，但是，实际上这些客户代表了一种机会。如果你没有为这些客户服务过，就形成了一种挑战：弄清市场需求是最重要的。竞争对手的客户会告诉你什么最重要。有一点需要注意，那就是从竞争对手的客户那里得到信息是要付出代价的，因为你并不认识他们，与他们没有关系。例如，多花时间去客户聚集的地方，利用贸易展览、消费组织及产业会议，去与那些不是你的客户建立联系，然后同他们交谈。向选择竞争产品的客户提些问题，看他们是否花时间去看过市场上的产品？他们是否听说过你的产品或服务？如果有，他们是否真的花时间去看了你的产品？看过之后对产品有什么印象？如果没有，原因是什么？无论他们说的话有多不中听，也一定要听。当他们说你的产品或服务不好时，一定不要自我辩解或争论。重要的是信息。

如何收集信息是第一步——你需要建立数据库模板；整理信息是第二步——你需要整理信息的工具；分析信息是第三步——你需要分析信息的工具；应用信息是第四步——应用信息才是真正的开始。

谁买什么？何时、何地以及为什么买是收集信息的关键部分。

如果你能确切地回答出这些问题，你将远远超前于你的大部分竞争对手。对于你的产品或服务要收集如下信息：

谁作购买决定？

按金额计算销售量有多大？

能卖出多少数量？

每笔销售所花的成本是多少？

你的客户买什么？

他们何时购买？

他们的购买是定期的还是偶然的？

他们的购买是季节性的吗？

他们为什么买？

什么对他们重要？

他们在什么地方购买？

他们的财务怎样支持其购买？

你的客户怎样评价你的产品或服务？这是个关键性的研究与开发问题。如果你能从客户角度理解产品，你就能发现推销你的产品或服务的新方法、新目标市场，进而获取新机会。例如，如果一位客户已经要求你的产品结构中的某种标准的产品再精致些，你能够为其他人重新设计和重新包装那种产品吗？

基础市场信息分析工具包括：

- 购买者的信息（年龄、年收入、性别、职业、户主、偏爱的媒介、他们何时购买、他们怎样购买、他们购买什么、他们的习惯和爱好）。
- 竞争的信息（市场份额、广告计划、定价策略、分配、经营时间的长度）。
- 产品的信息（好处、价格、服务、设计特点、何处卖过、包装、怎样使用、每年买多少、做何改进）。

与顾客建立长期稳定的密切关系

顾客是企业经营的主体，企业要在激烈的市场中取得生存和发展，就必须与顾客建立长期稳定的密切关系，让顾客成为自己的忠实顾客。企业要与顾客建立长期稳定的密切关系必须做好以下几方面的工作。

1. 让顾客了解长远合作的好处

很多顾客和企业的合作都不会时间太长，顾客流失是很多企业最烦恼的事情。企业要想长期留住顾客，就要对顾客灌输长期合作的好处，对其短期行为进行成本分析，指出其短期行为不仅给企业带来很多的不利，而且还给顾客本身带来了资源和成本的浪费。企业应该向老顾客充分阐述自己企业的美好愿景，使老顾客认识到自己只有跟随企业才能够获得长期的利益，这样才能使顾客与企业同舟共济，共同进退，不会被竞争对手短期的高额利润所迷惑。

如果有些顾客为竞争对手的“高额利润”所感动，销售人员要及时帮助顾客分析情况：企业的目的就是赢利，很多企业以高利润和高返利来吸引顾客，但我们分析一下就可以知道，在产品差异化程度不大的情况下，大家的生产成本也相差不大，那么，其高额利润从哪里来呢？“羊毛出在羊身上”，没有哪个企业会做亏本的生意，如果给你了高额返利，那产品的质量就一定会没有保证。我们的产品虽说价格高了点，但产品质量可以保证，而且我们生产的这种产品还有一定的科技含量，企业发展潜力非常巨大，返利也可以顺利地返还到经销商的手中，和我们企业合作保证你会得到稳定的收益。这样帮助顾客分析之后，很多顾客就会放弃眼前的利益，而追求更为长远的利益，企业也会因此赢得一大批稳定的老顾客。

2. 深入与顾客进行沟通

与顾客沟通的时候一定要深入，让企业与顾客之间相互了解，以防出现误解。

（1）加强对顾客的了解

很多销售人员跳槽带走顾客，主要原因就是企业对顾客情况不了解，缺乏与顾客的沟通和联系。企业只有详细地收集顾客资料，建立顾客档案，进行归类管理并适时把握顾客需求，才能真正实现“控制”顾客的目的。企业还要确保顾客的订货能正确及时地得到满足，收集顾客有关改进产品服务方面的意见，并将其反馈到企业的各个部门。

（2）让顾客了解企业

企业在了解顾客的同时，应及时让顾客了解企业的动向。企业的经营战略与策略一旦发生变化，就要及时传递给顾客，便于顾客工作的顺利开展。同时把顾客对企业产品、服务及其他方面的意见、建议收集上来，将其融入企业各项工作的改进之中。这样，一方面可以使老顾客知晓企业的经营意图；另一方面可以有效调整企业的营销策略以适应顾客需求的变化。当然，这里的信息不仅包括企业的一些政策，如新制定的对顾客的奖励政策、返利的变化、促销活动的开展、广告的发放等，而且还包括产品的相关信息，如新产品的开发、产品价格的变动信息等。

（3）经常进行顾客满意度的调查

一些研究表明，顾客每四次购买中会有一次不满意，而只有 5% 的不满意顾客会抱怨，大多数顾客会少买或转向其他企业。所以，企业不能以抱怨水平来衡量顾客满意度，而应通过定期调查，直接测定顾客满意状况。可以在现有的顾客中随机抽取样本，向其发送问卷或打电话咨询，以了解顾客对公司业绩各方面的印象。也可以通过电话向最近的买主询问他们的满意度是多少。在收集有关顾客满意的信息时，询问些其他问题以了解顾客再购买的意图将是十分有利的。一般而言，顾客越是满意，再购买的可能性就越高。衡量顾客是否愿意向其他人推荐本公司及其产品也是很有用的，好的口碑意味着企业创造了高的顾客满意度。了解了顾客不满意所在才能更好地改进。赢得顾客满意，防止老顾客的流失。

3. 优化顾客关系

企业要善于借助感情来维系顾客关系。利用短信在节假日进行问候、婚庆喜事、过生日时送上一束鲜花，进行真诚的祝福、日常拜访等都会让顾客深为感动。交易结束后，常常打电话询问一下顾客的使用情况，发现问题及时解决，让顾客满意。

与顾客建立长期稳定的密切关系是一门艺术，也是一门学问，它需要企业不断地去创造、传递和沟通优质顾客，这样才能最终获得、保持和增加顾客，锻造企业的核心竞争力，使企业拥有立足市场的资本。

4. 用情感拴住你的顾客

如今的顾客可不是那么好糊弄的了，随着市场透明度的增大，可选产品的极大丰富，顾客越来越理性和成熟，顾客满意度驱动的层次（见附图）也像马斯洛的需求层次一样在不断攀升，要提高顾客满意度进而提升顾客的忠诚度，就必须使顾客满意度驱动的每个层次都做到比竞争对手更好，并能最大限度地令顾客满意。下面将从五个层级来剖析影响顾客满意度的因子（见图3－1）。

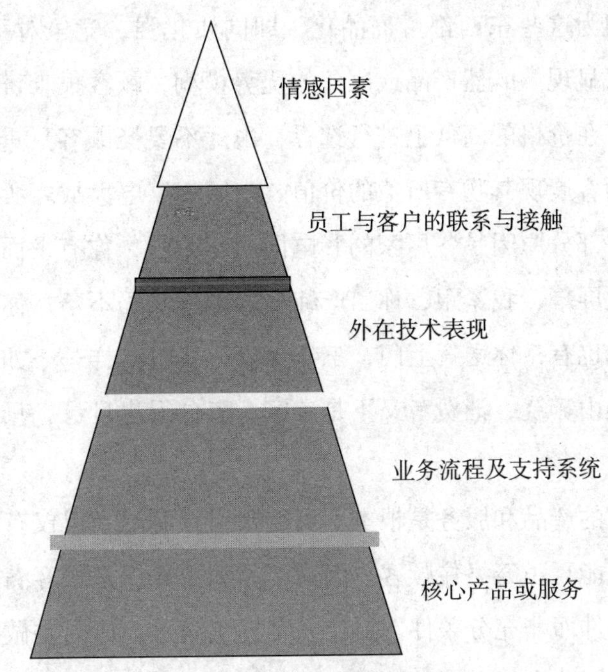

图3－1 顾客满意度的驱动层次

(1) 优质的产品或服务，是吸引顾客的前提和根本

每个顾客都希望其购买的产品质量好、安全可靠、性能稳定、经久耐

用，但如果厂商在这些方面无法确保，即使提供了良好的服务，也无法赢得顾客的青睐，顾客自然不可能心甘情愿的花钱购买。国外有一家航空公司，旅客在每次搭乘该航班的飞机时都能感受到乘务人员热情、亲切、周到的服务，然而即便如此，许多经常乘此公司班机的旅客还是转而搭乘其竞争对手的飞机了，原来这家航空公司的飞机经常延迟误点，有时长达一两个小时，使许多商务旅客白白耽误了重要的会议。可想而知，以为旅客提供准时、安全飞抵目的地为核心服务的航空公司，连旅客最基本的需求，或者说必要的需求都无法满足，那么再热情的服务又怎能打动人，又怎能挽留住这些老顾客呢？很显然这些老顾客只能伤心地黯然离去。

要让顾客在众多的可选产品或服务中相中你，仅有优质的产品或服务是不够的。因为这些东西都可商品化，即同质化强，竞争对手复制性强，竞争优势难以显现。既然产品或服务的优势模糊，顾客很难辨别出此与彼的优劣，只好在价格的高低上进行选择，由此不要怪顾客只重价格，实乃商家没有给顾客展现其物有所值的价值。中国的家电大战之所以打得如火如荼，很大一部分原因是各厂家的彩电同质化太强，你有平面直角，我也有；你生产大屏幕，我紧跟；你出产纯平彩电，我仍不落；你有高清晰的液晶彩电，我也有；你送货上门，三年保修，我也同样……如此这般，让消费者看得云山雾绕，消费者又不是专家，怎分得出良莠，只能以价格定乾坤。

没有优质的产品和服务是根本不可能吸引顾客的，但仅有优质的产品和服务也不可能真正笼络住顾客。因为产品和服务仅是顾客满足的最低层次，是必要条件而非充分条件。要让顾客真正满意，厂商要做的工作还很多，是否建立了一套行之有效、科学规范的业务流程及支持系统，是实现顾客满意度的不可或缺的方面。

(2) 科学规范的业务支持系统，赢得顾客青睐的保障

建立良好的运行机制、业务流程及支持系统，如供货系统、订单处理

系统、收付款系统、服务投诉处理及退换货系统等，是赢得顾客的保障。作为消费者想必都有这样的经历：当你在商场看中一双款式、色调、皮质都令你心仪的皮鞋时，柜台小姐却告诉你已经断码，没有你穿的号，你是什么感觉，一定很失望吧。你随即询问柜台小姐何时有货，她却摇摇头说不知道，你是否会觉得这家商场不仅货品不全，供货系统有问题，而且根本不重视顾客的需求？如果这家商场能随时掌握货品销售和库存情况，及时补货，并让柜台人员知晓货品到货情况，便不会出现让消费者懊恼的情况了。

现在很多人都有网上购物的经历，曾听一位朋友抱怨说：“本想上网为朋友买一个生日礼物，结果上到一家购物网站，却要求我注册，填写用户名就反反复复弄了多次，接下来又是填写一大堆个人资料，好不容易敲完了，却掉线，真是太令人沮丧了！不就是想在网上买件东西吗，为何搞得如此复杂呢?”结果这朋友还是从商店买了件礼品送给其朋友。也许这家网站的初衷是好的，是想更多地获取顾客信息，来了解顾客，为顾客提供更好的服务，然而其设计的业务流程并未从顾客的角度去思考，反而给顾客平添了许多麻烦，自然会令顾客沮丧的逃开，二次回眸也是不太可能了。

有位朋友向笔者愤愤地提到他在一场大雪后的寒冷冬夜被出租车司机拒载的事，他说当时一下车他就拨通监督电话投诉，听到的是语音接听：按1做什么，按2做什么，此后再干什么……笔者按其程序一步步耐心地完成，结果到最后听到：“如果您要投诉，请于30日内以书面形式递交到××处……”，当时听完这最后的语音留言后，这位仁兄快没背过气去，只好无奈地放弃了投诉。这并不表明这位朋友真的不想投诉了，只是由于其设计的程序让其感到太复杂，毫无诚意，失望地放弃了。看起来好像是那位出租车司机赢了，但真正受到损害的是出租车行业和出租车司机的整体形象。因为出租车公司及相关监管部门无法倾听到顾客的心声和抱怨，无法了解出租车司机的作业情况，无法及时的发现问题并督促责任人改进他们的工作，无形中助长甚至是鼓励了出租车司机的恶劣作风。

从以上个案不难看出，企业在进行业务流程和支持系统设计和建构时，应以对顾客满意度的贡献为准则，做到简单快捷、易操作、无断层、具亲和力，而不能仅从企业自身利益或业务发展需要着眼，追求时髦和表面的东西，否则只是设计了一套好看不适用，给顾客带来的是困惑而非帮助的摆设。就像许多公司的800电话，顾客听到的永远是忙音，好像是在嘲弄顾客。

科学规范的业务支持系统能使顾客感到与这家公司打交道很容易、很方便，有很多选择，而且很亲切。在此基础上，顾客才会愿意将其业务交给此公司而非彼公司，顾客才会愿意出让自己的“钱包份额”。然而仅有一套设计合理的业务支持系统并不能换来顾客真正的满意和忠诚。因为业务支持系统仍是商品化的东西，竞争对手完全可以复制，这便易引起顾客在几家公司摇摆选择的局面，而最后的胜者又可能是价格战的赢家。

（3）外在技术表现，端对端的顾客感知力

仅有优质的产品或服务，良好的业务支持系统，要让顾客满意仍是远远不够的，外在技术表现（及时送货、准确到位、简单便捷、响应快速、安全可信），决定了业务流程及支持系统实施的有效性，以及一线人员（销售人员、服务人员）与顾客接触时顾客对公司的感知。假如一家公司设计了一个完善的交货流程，货物也准时送到顾客手中，但卸货时却不小心造成货物损坏，是不是会令顾客很生气，从而迁怒于这家公司，并对这家公司产生不好的印象？又假如一家公司的维修人员虽能及时响应顾客的请求上门服务，并按照作业规程维修，但说话生硬粗鲁，即使很快把东西修好了，也会让顾客有种很不舒服的感觉。虽然是某个维修人员引起顾客的不悦，但顾客仍会认为该公司的服务水平很差，最终会使顾客断绝与这样的公司交往，转向能更加尊重顾客的竞争对手那边。无怪乎有家顾客服务部的主管在训导其客服人员时列出了这样一个公式：100%的努力-1%的失误=0%的满意度。

前段时间北京有一个小区为了更换分时段收费的电表，许多业主怨声载道，骂供电局是借机乱收费。经打听了解到：为了给居民减轻用电负担，北京市出台了分时段收电费的政策，结果供电局开始上门为这个小区换电表，同时办理原电表内蓄存电费的退款工作。原本供电局只要派专人在换新电表前，查实蓄存在原电表中的电量，得到双方确认后，即可依此退款，但供电局执行人却非要看居民的用电证，遗失了用电证者需交20元钱补办，然而补办用电证的目的就是为了登记电表编号，而用户在银行缴费的购电单上就有，可执行人员却生硬地说银行购电单无效，非得去补办了用电证才可退款，这不分明是巧立明目的变相乱收费吗？

本来这是一项合乎民意的大好事，可是执行人员却恶意歪曲政策，搞得肥了个人或小团体，损坏了政府在公民眼中的良好形象。想必市政部门并不知情，总以为出台了一项利民政策，设计了一套严谨的业务操作流程，相关部门就会准确无误的照章执行，岂不知就有些胆大妄为的人借机钻空子，中饱私囊，毁损政府部门及公务员的形象。说到这我们可看出，不仅是企业要关注顾客、理解顾客，与顾客建立良好的关系，政府部门同样也要正确处理与顾客（市民）的关系，而要处理好这层关系，一线执行人员的监管、教育、思想作风的端正是最重要的。

所以，无论是企业还是政府部门建构和设计一套良好的业务支持系统固然重要，但更重要的是做好对一线人员、执行者或实施者的选拔、培训、激励、监督、考评。因为他们的外在表现、他们对待顾客的态度和行为，直接影响到顾客对公司的感知，从而影响到顾客对公司、品牌的认可、认同以及顾客对公司和品牌的满意度和忠诚度上。实际上，很多公司设计的业务支持系统本无太大问题，但往往直接面对顾客的执行者或实施者在理解公司政策时或有偏差，导致顾客服务不到位；或由于工作责任心不强，导致顾客有被怠慢或粗鲁的对待；或出于私利恶意歪曲公司政策，致使顾客受到不公正、不平等或掠夺性的对待等。不良的表现会损坏公司的形象，引起顾客的反感而背叛，甚至把这种不好的情绪传递给其周边的朋友、亲戚，导致更大范围内的背叛和分裂效应，这种情况我们称为“恐怖活动”。为避免这种两败俱伤的情况出现，企业应加强员工的培训、教育，使其深刻理解公司的经营理念、企业文化和服务政策，真正认识顾客的价值所在，并将员工绩效考核、奖励措施与顾客服务满意度和投诉率相挂钩。

（4）与顾客密切的联系和交流，顾客满意度的推进器

优质的产品或服务、科学规范的业务支持系统、良好的外在技术表现，这些都不能称为真正具有核心竞争力的东西，因为它们都太商品化了，太容易被竞争对手模仿和复制，不具有持久的个性化、独特性和专有性，不容易被顾客很快的区分出来。然而许多厂商却未意识到这点，仍在拼命地向顾客宣导其产品如何的优质，业务支持系统如何的规范，外在表现如何的高效完备等，而对顾客真正重要的东西，能够让顾客真正满意的方面，却未受到足够的重视，甚至忽视了。由此，造成顾客保持力越来越差，顾客流失率增高。顾客总是感到厂商的服务不到位，而厂商却认为顾客太难伺候了，使客情关系处于一种紧张甚至对立的状态。

实际上，顾客与公司及其员工联系的越频繁，交流沟通的越多，对公司的评价会越高，满意度也越高。反之，则评价较低，或没有感觉，自然就不可产生对公司的忠诚度了。所以，我们应鼓励公司员工与顾客高频

度、近距离、多渠道的接触、交流、沟通，从而增进彼此间的相互了解和相互信任，进而对公司产生美好的印象，成为公司的忠诚顾客，并主动将这种美好的感受传递给其他人，让忠诚顾客创造出更多价值。

> 许多公司虽认识到了与顾客的关系很重要，但却不能真正的体味和维系这种关系。一位朋友曾颇有感触的谈起这方面的经历。他说：他有很长一段时间总会在其生日和节庆日时收到一家公司有CEO签名的贺卡，或活动邀请函等，他当时想这家公司应该是极其尊重顾客，极其珍视与顾客关系的，他对这家公司的印象很好。但有一次，他真的有问题，向这家公司客服人员连发了两封E－mail请求帮助时，却未得到回复，继而他按照贺卡上的E－mail地址，向这家公司的CEO发信，同样连发两封信仍未得到回复……他说他感到很失望，他不再相信这家公司，并认为这家公司表里不一，很快就将其业务转向该公司的竞争对手了。

良好稳固的顾客关系的建立需要厂商一点一滴地积累，而真诚和互动又是最重要的，如果仅想短视的获取顾客的“钱包份额”，而狂轰滥炸地向顾客的邮箱、手机发信，掠夺顾客的眼球，最终就会像上例一样被顾客识破而背离。所以，劝告那些自以为聪明的厂商，不要玩弄顾客的感情，上帝也是会发怒的！

（5）情感纽带，顾客恒久倾心的因子

说到情感不由得会让人浮想出许多美好的字眼：愉快、舒服、喜悦、兴奋、真诚、友善、信赖、依恋、关怀、尊重、责任心……这些美好的感觉将人与人间的距离拉近了，在公司与顾客之间同样应营造出这样的感情，这需要公司员工与顾客经常保持密切的联系，互动真诚的交流，提供顾客化、个性化、体贴入微的服务，尊重顾客的意见，甚至能迅速地认出顾客，亲切地叫出顾客的名字……

一位有五年保险经验的保险代理人曾对我说，她之所以长年保持极佳业绩，拥有好几百位顾客，而且顾客还在比以往更快的速度递增，是因为顾客很信任她，常为她介绍保险顾客。当我问她为什么顾客会对她信任时，她说："我与我的顾客经常交流，他们有困难时，我会主动积极的提供尽我所能的帮助。一次，一位保户（保了意外险）出了交通事故，给我打电话，请求帮助，当时已是晚上10点多了，而且是在一个寒冷的冬天，我还是以最快的速度赶到现场，迅速将这位保户送进合作的医院，为其办理相关住院手续……这件事让这位保户非常感动，后来我们成了好朋友，她还介绍了几位朋友给我。现在我与许多保户建立了很好的私人友情，我经常与他们一起去郊游、爬山、打保龄球等，我们的关系非常融洽。"从这则故事可以看出，让上帝倾心于你，实际上很简单，只要你能从顾客的角度考虑问题，付出一片真诚，感动顾客，顾客将会回报给你更多。

许多公司和员工连这么简单的道理都不懂，他们只盯着顾客的口袋，只知道向顾客索取，却并不能让顾客感到付出的钱可以获得相等的价值。如今小区业主对物业管理的责难最多，当然这是由于现在的许多物业公司都是开发商硬性安插给业主的，具垄断特性，并未纳入竞争机制所致。正因如此，物业公司及其员工很少重视社区建设，很少重视与业主的沟通交流，很少重视要与业主建立良好的关系，服务质量低劣，服务人员素质差、态度恶劣，业主与物业的矛盾时常激化。无怪乎许多业主拒交物业费。像这样紧张局势的最终结果是"双败"！业主没有了安宁清新的环境，物业公司收不到钱，利润会直线下滑。

如何让公司与顾客间实现"双赢"？如何让顾客真正感到满意并保有忠诚度？建立紧密的、牢固的、持久的顾客关系是实现双赢的重要保证。而紧密、牢固、持久的顾客关系，不仅仅在于产品或服务如何优质，业务支持系统如何健全，外在技术表现如何到位，更在于与顾客的交往、联系是否密切，让顾客的感知是否亲和、亲切，让顾客是否产生“哇”的惊喜和兴奋，与顾客是否建立起了超越公司或商务层面的真诚的私人友情，是否让顾客这样称呼你——“我的牙医”“我的供货商”“我的代理人”……并每次谈到你们的交往时，都会露出兴奋和喜悦。想想看，如果公司与顾客间有了这样的情感纽带，竞争对手能仿效出来吗？答案是否定的。那么，这就是公司真正的核心竞争优势所在！

为顾客分类，便于对症下药

顾客分类是基于顾客的属性特征所进行的有效性识别与差异化区分。我们可以依据顾客的社会属性、行为属性和价值属性，对其进行分类。

实践证明依据价值大小为顾客分类，不仅能够实现企业内部对于顾客的统一有效识别，而且还能用于指导企业顾客管理的战略性资源配置与战术性服务营销对策应用，支撑企业以顾客为中心的个性化服务与专业化营销。

随着社会的不断发展，顾客关系管理在现代企业营销实践中已得到充分应用。有效实施顾客关系管理，依据价值属性对顾客分类是关键环节，只有依据价值大小等属性，为顾客分类，才能有针对性地进行个性化和差异化的营销服务，进而提高顾客的满意度和忠诚度，增加企业的核心竞争力。

所谓顾客价值，是指顾客通过自身实现的价值和企业通过顾客实现的价值的综合体。顾客价值不仅来源于核心产品和附属服务，还包括企业和顾客关系维系的努力。

在依据顾客价值大小进行分类的时候，分类评定内容要进一步具体化，突出时效性。要深入市场走访调研，征询员工、顾客的意见和建议，在此基础上，适当调整顾客分类评定内容，特别对顾客业态分类要进行更为具体的界定，分类评定内容既要体现从顾客实际出发，又要体现出动态性、时效性。

分类评定流程要进一步标准化，体现便利性。分类评定过程中要明确顾客分类评定标准发放、顾客类别评定登记以及评定结果确认三项工作的标准化流程，方便零售顾客及时深入了解顾客分类评定的具体内容和依据。

分类评定过程要进一步透明化，保证公平性。要秉承“公平、公开、公正”的原则，通过发放材料、宣传沟通、加强督查等方式，及时明确各项内容评定部门、人员的职责和数据统计信息依据，坚持透明化的操作流程，维护顾客的切身利益，提高顾客满意度。

依据顾客价值大小对顾客进行分类不仅要做好以顾客价值理念为核心的顾客分类体系框架的建立、顾客基本情况的调研、顾客信息数据的汇总分析等“务内”工作，更要做好“修外”工作。具体来说，“修外”工作要做好以下几个方面的工作：

第一，做好宣传工作。通过宣传让顾客了解分类的内容和依据，公平、公正地进行顾客分类。

第二，做好沟通工作。通过与顾客的沟通，让顾客主动参与、积极配合分类工作。

第三，收集顾客的反馈意见。根据顾客的反馈，检查分类工作是否得当，对分类不当的顾客适当做出调整，确保分类准确。

第四，注重实用性。针对顾客价值的不同分别对顾客的经营做出指导，使其不断提高经营水平。

通过对顾客价值大小的分类，企业可以对不同价值类别的顾客的消费行为、消费心理进行分析，针对不同价值的顾客消费行为和消费心理的不同，提供不同的产品内容，不同的促销手段等。总之，依据价值大小等属性，为顾客分类，可以在分类后的数据中挖掘更有针对性的信息，以便对顾客对症下药。

顾客细分与服务细分的步骤（见图3-2）：

第一步：绘制顾客金字塔；

第二步：分析顾客价值；

第三步：分析顾客行为；

第四步：分析顾客关注程度；

第五步：制定分级服务政策。

图3-2　顾客细分与服务细分

为了节省精力和时间，淘汰掉不合适的顾客

虽然顾客对企业来说非常重要，但是并不是所有的顾客都适合企业，为了节省精力和时间，企业有必要淘汰掉不合适的顾客。

业务中销量的大小、库存控制的好坏、回款的难易等都与顾客的选择息息相关。选择一个好的顾客是销售成功的基础，也是营销当中最为重要的一个环节。那么如何选择一个好的顾客？如何在众多的顾客中筛选出一个较理想的顾客？有经验的人士总结出了几个方面的内容，作为选择顾客的依据。

1. 讲究诚信

诚信是一切生意的根本。销售人员应该从各个方面了解顾客的人品、性格，了解其商业信誉。并且要注意其言行，看其讲话是否有前言不对后语的现象；是爱说大话，还是说话比较实在；是积极乐观，还是患得患失。通过观察其言行从主观上来分析顾客的诚信度。

2. 规模很大

选择顾客应该充分考虑其目前的经营规模和销售网络。如果目前的顾客经营规模较大，销售网络覆盖面积也比较大，并且呈不断上升趋势，这种顾客是我们选择合作的最为理想的顾客。

3. 具有发展潜力

顾客的发展潜力是我们选择顾客的基础。随着市场竞争激烈程度的加强，有些经销商必将会被淘汰，而有些经销商的规模会越做越大。这种潜在的力量将是我们寻找、筛选顾客的基础。

到底怎样判断一个顾客到底是不是潜力股呢？第一，应看顾客的个人经营能力：他的思维能力、预测能力、对当地零售市场趋势的把握能力、对已有零售商的控制能力和对未来零售商的开发能力；第二，看顾客在已有零售商中的信誉、口碑如何；第三，看其经营规模是否呈上升趋势，销量是否一直保持正常上升，这里的正常上升不是指每年都要上升，而是指有平稳上升的趋势或能力，不大起大落。如果以上三个方面都处于理想状态，那么其潜力将是十分可观的。

4. 合作厂家的数量不多，质量不高

由于市场竞争的日益激烈，产品种类各样，虽然有的顾客业务量很大，但是其一般都会选用多家企业的产品，也有些顾客业务量一般，但与其合作的企业也不少，那么到底哪种顾客是企业选择合作的对象呢？

如果一个顾客和很多家生产企业合作，并且很多产品与我们产品防治对象较相似，那么这种顾客会把精力均匀分配给许多生产型企业的各种产品，这样一来分在每项产品的精力就很少了，量也就很难做大了。我们在选择合作顾客的时候，要选择那些相对来说对我们的需求量比较大的顾客。

5. 认同我们的产品

顾客认同我们产品的价位、包装、配方、质量等，这是顾客答应与你合作，能够全力推广我们的产品的基础。他将会为我们的产品的推广作出贡献；如果顾客对我们的产品不太认同，即使在你的一再请求下，他答应与你合作，他也不会努力去推广我们的产品。

以上5个方面是销售人员考察能否与该顾客合作的基础，如果该顾客不具有以上几个方面所说的优势，与这样的顾客合作对企业来说就没有多大的意义，企业应该及时淘汰这样的顾客。

盯紧核心顾客，预防核心顾客流失

所谓核心顾客是指那些对产品或服务消费量大、消费频率高、顾客利润率高，并对企业经营业绩能产生一定影响的关键顾客。根据"二八法则"，企业20%的顾客为企业带来了80%的利润，其余80%的顾客只为企业创造20%的利润。能为企业带来80%利润的顾客就是企业的核心顾客。企业只有留住这20%的核心顾客，才能形成并保持明显的竞争优势。所以企业应该盯紧核心顾客，预防核心顾客流失。

如何预防核心顾客的流失？最根本的措施就是提升核心顾客的满意度，进而形成忠诚度。具体来说可以从以下几个方面进行：

1. 成立专门的部门来管理核心顾客

为更好地管理核心顾客，有必要建立专门的管理部门。企业核心顾客的业务由专门的管理部门来负责，其他一般的顾客的管理工作，则由一般的销售队伍来做。这样更能够准确把握核心顾客的动向。

2. 采取灵活多变的销售模式

核心顾客与企业的合作具有一定的特殊性，而其特殊性就体现在模式创新性、价格特殊性、服务紧密性等诸多方面。这些特殊性要求企业最大化接近核心顾客，掌握顾客需求，采取灵活的销售模式，即可以采取以直销为基本特征的俱乐部营销、顾问式销售、定制营销等。

3. 建立核心顾客信息管理系统

企业有必要引入核心顾客管理系统，以核心顾客的信息资料为基础，围绕核心顾客进行核心顾客发展分析、核心顾客价值分析、核心顾客行为分析、核心顾客满意度分析、一对一核心顾客分析等工作，使决策层对于核心顾客的发展趋势、价值趋向、行为倾向有一个及时准确的把握，并能针对核心顾客进行一对一分析与营销。

4. 不断分析研究核心顾客

管理核心顾客要坚持“动态分析，动态管理”的原则，把握核心顾客动态的同时，不断创新核心顾客管理。核心顾客分析包括：核心顾客发展分析、核心顾客服务分析、核心顾客流失分析、核心顾客费用分析、核心顾客价值分析等方面，这是进行核心顾客管理决策的基础，可以“防患于未然”。

5. 建立全方位沟通体系

核心顾客管理部门中的核心顾客营销人员、顾客经理及其主管要定期或不定期地主动上门征求意见，顾客经理能随时与核心顾客碰面，发现核心顾客的潜在需求并及时解决。要加强与核心顾客间的感情交流，根据企业实际，也要定期组织企业高层领导与核心顾客高层之间的座谈会，努力与核心顾客建立相互信任的朋友关系及互利双赢的战略伙伴关系，这样有利于化解渠道冲突。

6. 建立销售激励体系

企业必须建立核心顾客销售激励政策，通过激励使其更加积极地与企业合作。企业可以把顾客群划分为核心顾客、重点顾客、一般顾客等几个级别加以管理，并根据不同级别制定不同的管理政策和激励措施。

7. 提升整合服务能力

企业应该以核心顾客为导向，提升整合服务能力。具体来说可以从以下几方面进行：强化基本服务（基本服务项目保障），量身打造服务模式（如顾问服务、驻扎服务），开通核心顾客“绿色通道”（为核心顾客提供便利措施），建立服务沟通平台（如网络、电话等），提供增值服务（不断为顾客创造产品之外的新价值），把服务文化纳入企业文化（企业内部文化传播和对顾客传播），提供完善的服务解决方案等。

如果企业能够做到以上几个方面所说的内容，就基本上能够保持住核心顾客了。

8. 如何巩固和发展核心顾客的关系实战策略（见图3－3）

（1）为竞争对手制造进入障碍

①竞争性低价；

②出色的产品及其应用；

③电子联系和关系网络；

④基于全部业务的定价策略；

⑤长期合作计划。

（2）与顾客建立信任的关系

①各层次例行的企业参观；

②社会活动及娱乐；

③高频次的接触；

④支持客户的特殊活动；

⑤履行承诺；

⑥对未来问题给予预警；

⑦高层管理者的介入；

⑧灵活性及情感投入。

(3) 合作共赢的项目开发

①建立合作项目队伍;

②研究人员和设备共用;

③数据库分享;

④风险性项目共同出资。

(4) 巩固顾客退出障碍

①让客户产生技术依赖;

②给客户优先配给权和折扣;

③签订长期供应合同;

④建立客户俱乐部;

⑤独特的产品设计组合;

⑥对客户家庭或文化群体进行投资;

⑦给予特殊的培训支持;

⑧搬进共享的办公区域。

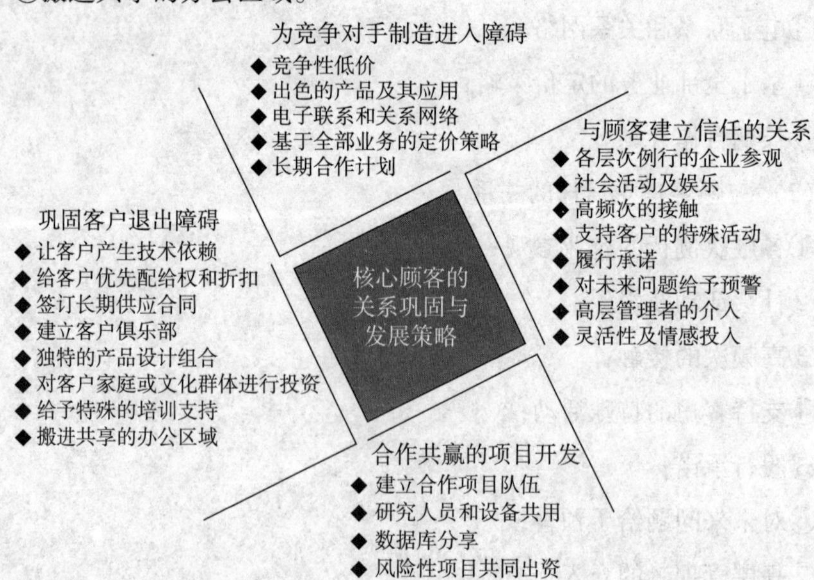

图3-3 核心顾客的关系如何巩固与发展

强化优质顾客关系管理

优质的顾客对企业的重要性就不必多说了，那么怎样加强优质顾客的关系管理呢？业内专家认为，强化优质顾客关系管理可以从以下几个方面进行：

1. 细分顾客，精细化管理

一方面，要对顾客进行细分，不仅要对优质顾客进行挖掘和区分，对潜在优质顾客加以关注，争取在第一时间把握住顾客，而且还要根据优质顾客对产品的需求和偏好，对优质顾客关系进行管理维护。对于需求量大的顾客，需加强日常服务、常规沟通及关联产品推介等，同时还可以根据优质顾客的不同需求，为其提供上门服务、产品演示等。

另一方面，要充分利用个人优质顾客关系管理系统进行精细化管理。销售人员一定要提高顾客资料数据完整性和准确性，确保系统的正常运行。另外，还要经常关注该系统，对重要的优质顾客要做到随时监控其动态，掌握顾客大额资金的变动，及时与顾客进行联系沟通，确保顾客不流失。后面还有相关的章节详述。

2. 加强优质顾客“绿色通道”建设和管理

首先，要通过贵宾室、会客室等对优质顾客提供便捷、私密、高质量的服务，确保优质顾客的专属服务。其次，要提供全方位的服务团队，包括顾客经理和销售人员的内外联合、基层营业网点和上级主管部门的联动，为顾客提供专业、快速、有效的专属服务，切实满足优质顾客的服务需求，体现服务价值。

3. 全方位定制营销方案，提高优质顾客的转换成本

首先，通过全方位定制营销方案，将优质顾客锁定。不仅要为优质顾客提供全方位的服务，还应积极了解顾客各阶段的不同需求，据此实施顾客终身价值管理。其次通过全方位定制营销方案，为顾客提供个性化的服务，从而与顾客建立起稳固的独家关系，使顾客更容易获得适合自己的产品，实现优质顾客与企业的绑定。最后，提供增值服务，锁定转换成本。随着买方市场的日趋成熟，优质顾客成为了各个企业间的主要抢夺对象，如果这些优质顾客的转换成本较低的话，就比较容易流失，要通过差异化的产品和服务来锁定优质顾客。基层营销人员要大力推销贵宾卡，同时给优质顾客更多的优惠，以便加强对优质顾客的吸引。

4. 加强顾客服务队伍建设，做好与顾客的有效沟通管理

加强顾客经理和销售人员的培训，提高服务团队业务知识的广度和深度。可以成立一个由网点负责人、顾客经理和销售人员组成的优质顾客服务小组，专职负责优质顾客的营销，并通过团队合作以及与上级的上下联动，形成整体合力，减少中间环节，提高效率，为顾客提供多层次、全方位的配套服务，提高个人优质顾客对网点的依赖程度，稳定个人优质顾客与网点的业务关系，实现个人优质顾客营销工作的持续发展。同时。加强与优质顾客的沟通，要做到“比顾客自己更了解顾客的需求”，以此打动顾客并与之建立良好、稳定的关系。通过让顾客全面了解企业的产品、服务及业务流程，进而进行沟通和宣传，也是顾客对企业形成依赖和顾客关系管理的重要措施。

企业如果能够从以上几个方面来强化顾客关系管理，就能够留住自己的优质顾客，保证优质顾客不流失。

站在顾客角度，主动提供系统化的解决方案

美国营销大师特德·莱维特说过：“顾客真正购买的不是商品，而是解决问题的办法。”

如果你有机会帮助顾客解决问题，那么千万不要错过时机，尽一切可

能帮助顾客是销售员取得事业上成功和超越竞争者的最有效方法。

在市场经济中，任何一种产品，任何一个取得成功的企业，都有自己的制胜之道，但如果想要做大、做强，产品的售后服务是一个极为重要的环节。因为，顾客的问题大多来自于售后阶段，所以，在售后服务中站在顾客的角度，对顾客遇到的问题主动提供系统化的解决方案，就能够留住顾客。

要想真正帮助顾客解决问题，就要注意以下几个方面的问题：

1. 重视团队精神的培养

在帮助顾客解决问题方面，个人的力量毕竟是弱小的，为一个顾客解决了问题，并不代表可以为所有顾客都解决问题，何况顾客的问题也不是固定不变的，而是经常会出现新的状况、新的问题，这就要求售后服务各部门之间做到经常沟通，互相协调，才能把售后服务工作做得更好，才能把服务做到让顾客更满意。比如大家经常开会讨论各自在销售服务中遇到的问题，提高工作效率，如何更好地处理顾客的抱怨等。

2. 做好与顾客的沟通，一切从顾客利益出发

沟通并不是售后服务人员简单地说出自己的想法，而是要详细了解顾客的想法和需求，站在对方的立场上想问题。一个好的售后服务人员不仅要了解自己所扮演的角色，还要清楚顾客的期待是什么。只要做好了与顾客的积极沟通，并帮他解决了实际问题，他自然也就乐意接受你的意见和建议，这样就解决了服务问题，同时又赢得了顾客的好感和口碑。

3. 做好顾客回访工作，为顾客提供解决方案

坚持售后回访活动，主动了解顾客对产品的使用满意情况，遇到疑难问题针对性地予以现场解决，顾客找到你，接受你的服务，其最根本的目的就是为了要你帮助他妥善地解决问题。

总之，要做好售后服务工作，销售人员应该掌握以下三步：第一步，帮助顾客发现问题；第二步，启发顾客寻求解决之道；第三步，把自己的商品定位成顾客正在寻求的解决之道。

除了售后问题外，销售员还要关注顾客的需求变化。

无论是潜在的目标顾客，还是已经与你建立了合作关系的老顾客，他们各方面的情况始终都处于不断的流动和更新之中。即使是关系非常稳定的老顾客，其对产品和服务的需求也是持续变化的，因此，销售人员要随时根据情况的变化来解决顾客遇到的问题。

对于那些一直与自己保持稳定联系的老顾客，销售人员应该尽可能地对他们的需求等情况进行主动询问，一旦发现顾客产生某些新的需求，就要采取合适的方法加以解决，否则就很可能被其他竞争对手捷足先登。

对于那些需求量较大可是却迟迟不肯下决心购买的潜在顾客，销售人员同样需要随时关注他们的最新动态，一旦发现有利于促进交易的信息或时机，就要马上采取行动。

随时关注顾客的情况，帮助顾客解决他们所遇到的问题，所谓没有人会拒绝微笑的脸，如果你是真正关心顾客并能够站在顾客的角度替他们解决问题，那么他们一定会非常感激你。

给老顾客更多优惠，使之越老越“吃香”

美国营销学家赖克海德和萨瑟的理论说：老顾客是长久生意的利润保证，每降低5%的顾客流失率，利润则会增加25%～85%。大家都知道，说服一位老顾客远比拉到一位新顾客更容易，这是销售行业通行的法则。因此，营销经理在工作中必须树立一个正确的观念，老顾客是你最好的顾客。你的推销员同时遵循这样的原则，对老顾客要给予更多的优惠，使之越老越吃香。

另外，据美国《哈佛商业译论》杂志发表的一篇研究报告指出，多次光顾的顾客比初次登门的顾客会为企业多带来20%～85%的利润。尤其是当产品普及率达到50%以上的时候，更新购买和重复购买就大大超过第一次购买的数字。这表明，推销员若能留住顾客，让老顾客经常光顾，成功的机会就更大。还有，老顾客可以给企业带来间接的经济效益。众所周知，老顾客可以给企业带来很多新的顾客。因为，个人的行为必然会受到各种群体的影响，其中家庭、朋友、领导和同事是与其有经常持久相互影响的一个重要的参考群体，这个群体会产生压力使每个人的行为趋向一致，从而影响个人对产品和品牌的选择。当企业的老顾客向他身边的人推荐产品的时候，企业的新顾客就很容易产生了，新顾客购买产品就会带来新的利润。所以，企业做好销售的关键是要留住顾客，而销售实践表明，给老顾客更多的优惠，是留住老顾客的最佳方法之一。

根据老顾客和企业合作的时间长短来制定优惠的策略，合作时间越长的顾客优惠越多，会让一些老顾客坚持和企业合作。对于企业的优惠，顾客比较关心的是价格问题。企业可以根据顾客的资历制定一个优惠表格，比如，根据合作的次数、成交货量的多少、合作的时间等制定价格优惠措施。

但是，有时候我们给顾客报出优惠价格之后，顾客并不满足，还是坚持要更多的优惠，这时候我们就可以把顾客越老越吃香的优惠措施介绍给顾客，调动顾客合作的积极性。对于坚持要求价格更加优惠的顾客，我们绝不能退让，否则这个优惠措施就失去了它的作用。遇到希望得到更多价格优惠的顾客，我们可以这样说：“非常感谢您一贯对我们的支持，但是这个价格优惠措施是企业制定的一个硬性制度，我们没有办法私自改变，但是我们还会通过其他方式回馈老顾客。”或者：“您看，如果您买我们的产品，在未来10年内都不会有什么故障，更不需要考虑更新的问题，只是这一点，就比买其他企业的产品实惠不少呢。”

这种应对方式既方便又实用，说服力很强。第一种回答，主要是强调已经给予了对方很大的优惠，企业有自己的优惠原则，让其不能因为自己的老顾客身份而有额外的要求。第二种回答，主动和其他企业的同类产品作比较，让顾客明确本企业产品的优势所在。

企业对老顾客除了采取价格优惠外，还可以采取其他一些优惠，比如，延长保修期、发放优惠券等。

第四章

老顾客的管理和维护

形成一套对于老顾客的管理措施和制度，既有效地节省了宝贵的时间和精力，又不会造成大的心理压力，更不会因为人员的变化受到影响。

建立顾客的资料数据库

在信息时代，企业和顾客不用面对面就能够做成销售，顾客通过网络等渠道可以随时获得更多更详细的产品和服务信息，这使得顾客比以前更加聪明、强大、善变、难以管理。

信息的高度发达，使得顾客的趋利性更加明显，今天是你的顾客，明天看到更有利可图的企业，马上就变成了别人的顾客。销售人员还没见到顾客的庐山真面目，顾客就流失了，到最后企业也不知道谁曾是自己的顾客。因此，企业应该建立顾客的资料数据库，在签单后与顾客保持联系，以确保他们的满足持续下去。

顾客资料库的作用非常大，主要体现在以下几个方面：

1. 可以提供一致的顾客观点

顾客资料库的地位在个别的接触渠道之上，能够整合所有与顾客的互动。它是记录某个顾客服务点发生了什么事情的唯一方式，并且能够给其他的顾客服务作参考。

2. 作为企业集体的存储记忆

如果没有顾客资料库，在每个顾客接触点上，看起来就像是企业从来没有接触过这个顾客，顾客会被迫从头开始。更糟的是，企业无法从过去的互动经验里学到任何东西，从而使这次与顾客接触达成交易的可能性大大降低。

3. 存储资料的整合运用

顾客资料数据库能够将所有渠道的自动化业务信息储存在一起。比如，企业在互动式网站上的表现，利用电子商务工具的交易，经销活动的负责人用自动化邮件进行的直销等。这些信息都可以整合储存到数据库内。企业的销售人员借助顾客资料数据库，能够确定的指导顾客打到服务中心的电话的内容，以便及时明确顾客的需求。

4. 多渠道经销的建立

顾客资料数据库能够给顾客带来时间、空间和流程上的便利性，使顾客可以在自己想要的地点和时间、用自己想要的方式和厂商交易。顾客资料数据库能够根据产品生命周期或时间等不同的对内和对外的市场信息，提供更方便的综合运用的支持能力。

5. 可以用来分析顾客的信用状况

根据顾客资料数据库所记载的内容，我们能够轻而易举地知道顾客是否诚信，能够判断出他的信用额度应该是多少。因为，通过顾客数据资料库，能够细致、全面、准确地了解我们的顾客，而这种详细的了解正是我们判断顾客信用度的依据。

6. 可以防范交易风险

商务交易中存在着很大的风险，据相关报道，每年有50%的经济合同带有欺诈性。有些顾客与你的合作本身就带有欺骗目的，如果你不能够及时识破这种顾客的目的，那么你必定会受到财产方面的损失。如果企业售出去商品而追不回货款，那是最大的损失。而通过顾客资料数据库，我们就能够比较全面地了解顾客的信息，从而准确判断出该顾客是否存在欺诈行为。

7. 便于企业上下对所有顾客的了解

科学的顾客信息资料库，能够让企业上下都可以理解自己的顾客，即使不出门的办公室财务人员，要想了解顾客，只需打开顾客资料数据库就可以了。还有，即使销售人员不在公司，也能够通过顾客资料数据库及时了解到顾客的汇款情况。

总之，建立顾客的资料数据库能够提高信息管理的效率，降低管理成本，使企业的发展更具有方向性。

按照某种属性，对顾客进行分组或分类

任何一个企业的资源都是有限的，因此不可能为所有顾客提供同等的满意的产品和服务，所以有必要对顾客进行分类。顾客分类有利于企业根据关键顾客和合适顾客的需要，进行专门化设计、制造和服务，使顾客的个性化需要得到满足，使顾客价值最大化，这是顾客的需要，也是企业发展的动力所在。

很多销售人员喜欢把顾客资料保存在自己的电脑桌面上，仅供自己查阅。传统的顾客细分，一般是将所有的顾客分成5 ~10个固定类别，把顾客按照类别归类。今天的顾客会随着自身的发展经常改变类别。此外，新的顾客细分类别也在不断涌现。所以，各个企业必须具备能够动态地修改和不断增加细分类别的能力。其实，销售人员可以借助当今先进的软件解决方案，对顾客进行动态细分，以便提升营销效率，提高销售数量。

谁是你的最佳客户和最差客户

最佳客户是指对你微笑，喜欢你的产品或服务，使你有生意可做的那些客户。他们是你希望的回头客。

好的客户会这样做：

- 让你做你擅长的事；
- 认为你做的事情有价值并愿意买；
- 通过向你提出新的要求，来提高你的技术或技能，扩大知识，充分合理利用资源；
- 带你走向与战略和计划一致的新方向。

差的客户正好相反，他们会这样做：

- 让你做那些你做不好或做不了的事情；

• 分散你的注意力，使你改变方向，与你的战略和计划脱离；

• 只买很少一部分产品，使你消耗的成本远远超过他们可能带来的收入；

• 要求很多的服务和特别的注意，以至于你无法把精力放在更有价值且有利可图的客户上；

• 尽管你已尽了最大努力，但他们还是不满意。

这里可以运用一下著名的“二八法则”。如果你概括一下你全部的客户，你的经营收入的80%是由20%的客户带来的；这20%的客户就是你的最佳客户。显然，你有更多的理由让他们对你的产品或服务更满意。再看看另外的80%的客户，对于他们中的许多来说，你宁愿在竞争中放弃。在你分析这80%的客户所做的事情以及你为他们所做的事情之后，你会发现有些客户没有什么用，有时会造成麻烦。例如，他们的财务状况很糟糕，不能及时付款。如果没有这些客户，可能你的处境会更好些。有时，永远不能拒绝客户的信条会使你陷入误区和麻烦。

对付差客户，可以这样做：

• 找出他们是谁；

• 把他们变成好客户或者放弃他们。

一家银行最近对其客户进行了一次全面的研究。研究结果反映了一个典型的二八法则的例子：大约19%的客户产生了90%的利润，另外81%的客户的主要特点是，他们大多数支票账户的平均结余都不到250美元，但他们却写了许多支票。结果，银行在这种客户身上损失了很多钱。内部办理手续的成本远远多于利用储蓄资金获得的收入。

这家银行做了进一步的研究。显然，并不是所有的客户都不好。例如，他们当中有些已是届退休年龄的，1%是新客户，经过一段时间后会成为有用的客户。银行想培养这种关系，因此鼓励新客户在有关的存款上积累资金。然而，银行也知道许多客户不会改变，对银行利润来说，只会造成消耗。因此银行想办法限制没利可图的客户。其做法是用一种新的收费结构，即在每月平均结余低于某个标准时，除非客户在存款中还有些结余，否则就加以处罚。

按照某种属性，对顾客进行分组或分类的基础是要通过公司所掌握的顾客数据全面地了解顾客。这种通过数据推动顾客细分的方法，涉及数据库技术以及可以有效访问、分析顾客信息的营销自动化应用。企业可以采用复杂的数据挖掘工具，以便非技术型的销售人员也能利用大量的事务处理级数据来进行有效的顾客细分。

那么，顾客细分的具体内容是什么呢？

其一，确定应该收集的数据，以及收集这些数据的方法。

其二，将通常保存在分立信息系统中的数据整合在一起。

其三，开发统计算法或模型，分析数据，将分析结果作为对顾客细分的基础。

其四，建立协作关系，使营销和顾客服务部门能够与IT经理合作，保证所有人都能明确细分的目的，以及完成细分的技术要求和限制。

其五，实施强有力的网络基础设施，以汇集、保存、处理和分发数据分析结果。

当然了，企业对顾客进行分组或分类，除了要有高级数据库、营销自动化工具和细分模型以外，还必须拥有精通顾客细分的人才，这样才能准确分析模型，把顾客精准地进行分类。

运用下述分类作为描述你的客户的基础依据，找出相应的客户群体。这些有助于指导进一步的营销努力。

人口统计：年龄段、性别、家庭大小、收入水平、职业、宗教信仰、民族、教育程度、社会阶层。

地理特征：国家、省/市、地区、县/镇、人口规模、人口密度、气候。

生活方式：爱好、习惯、看电视的习惯、社会活动、度假选择、运动。

性格分析：领导者还是追随者、外向还是内向、追求成就的还是满足现状的、独立的还是依附的、保守的还是自由主义方式的、传统的还是现代派的、有社会责任的还是以自我为中心的。

消费者行为：使用率、寻求的好处、使用方法、使用频率、购买频率。

企业市场：企业类型（制造商、零售商、批发商、服务业等）、行业、企业规模、经营年限、财务状况、员工人数、位置、结构、销售水平、分配形式、特殊要求。

具体来说，按照某种属性对顾客进行分组或分类可以这样进行，比如按照成交量把顾客分为大顾客、中等顾客、小顾客三类。分类后再对顾客资料进行详细整理，例如对大顾客要掌握其基础资料、项目资料和竞争对手的资料。

对大顾客的基础资料要掌握他是什么类型的顾客？顾客公司的规模有多大？员工多少人？对同类产品的销售能力如何？其组织机构是什么样的？大顾客的消费量、消费模式和消费周期是怎样的？顾客各部门情况企业是否了解？顾客所在的行业基本状况如何？大顾客在该行业中所处地位、规模？我们是否能够随时联系上顾客，并根据大顾客自身的变化，进行适当的动态管理。

通过对大顾客的项目资料的了解，掌握顾客最近的采购计划是什么？采购的目的是什么？这个项目由谁来负责？采购时间表、采购预算、采购流程是否清楚？顾客的特殊需求是什么？

对大顾客的竞争对手的资料要了解以下几方面内容：产品使用情况，顾客对其产品的满意度，竞争对手的销售代表的名字、销售的特点，该销售代表与顾客的关系等。

20世纪20年代中期，亨利·福特和他有名的T型车统治了美国的汽车工业。福特汽车公司早期成功的关键是它只生产一种产品。福特认为如果一种型号能适合所有的人，那么，零部件的标准化以及批量生产将会是成本和价格降低，会使客户满意。那时福特是对的。

随着市场的发展，美国的汽车买主开始有了不同的选择。有人想买娱乐用的车，有人想要时髦的车，有人希望车内有更多的空间……当然，福特也对其轿车进行了改进，比原来的轿车更加坚固耐用、更安静、驾驶更平稳。可是，当客户们参观福特汽车展览厅时，他们看到的全是与老式汽车一样的模型——还是那些深浅不同的黑色轿车。

而这时，艾尔弗雷德·斯隆这位具有传奇色彩的通用汽车公司总裁开始崭露头角。斯隆的天才在于他认识到买车的人并不是都想要同一种车。他抓住了这一发现，说道："通用汽车要生产出各种用途和适合不同收入阶层的轿车。"

斯隆不久招聘了一种新雇员——市场研究人员，让他们研究购买轿车的潜在客户的真正需要是什么。虽然他并不能为每个客户生产出一种特别的车，但他通过对市场的研究，识别出有相似口味和需求的客户。他指导设计师和工程师设计生产出能满足这些需要的轿车。结果就有了与市场细分相联系的新产品：

- Chevrolet是为那些刚刚能买起车的人生产的；
- Pontiac是为那些收入稍高一点的客户生产的；
- Oldsmobile是为中产阶级生产的；
- 别克是为那些想要更好的车的人士生产的；
- 凯迪拉克是为那些想显示自己地位的人生产的。

因此通用汽车不久就开始比福特汽车更畅销了，而市场细分作为公司计划中一种重要的技巧，不仅对汽车，而且对全国乃至于全世界的主要工业都发挥了重要的作用。

由此可知，顾客细分的步骤为：

第一步，确定应该收集的数据，以及收集这些数据的方法。

第二步，将通常保存在分立信息系统中的数据整合在一起。

第三步，开发统计算法或模型，分析数据，将分析结果作为对顾客细分的基础。

第四步，建立协作关系，使营销和顾客服务部门能够与IT经理合作，保证所有人都能明确细分的目的，以及完成细分的技术要求和限制。

第五步，实施强有力的网络基础设施，以会聚、保存、处理和分发数据分析结果。

顾客管理和维护要以顾客需求为导向

企业之间的竞争就是顾客的竞争，尤其是核心大顾客的竞争，有顾客企业兴，失去顾客企业亡。所以，顾客决定了企业的生死存亡。究竟谁能够获得顾客，那就要看谁能够为顾客创造出更多的价值，谁能够更多地满足他们的需求，而要做到这一点，就要明白顾客重视的价值是什么？他的需求是什么？因此顾客管理和维护要以顾客的需求为导向。

然而顾客的需求并不是一成不变的，由于产品的不断丰富以及新产品对顾客需求的引导，顾客的需求也在不断变化发展，企业如果不能掌握顾客的这种需求变化，就有可能失去顾客。所以，了解顾客的最终需求是顾客管理和维护工作的重中之重。企业必须站在顾客的立场去思考顾客到底需要什么样的服务，想得到什么样的产品，并且依照顾客的愿望设计出合适的产品。

顾客的需求是多种多样的，有物质的也有心理的。任何企业都不可能满足所有顾客的所有需求，只能选择部分顾客的部分需求作为企业参与市场活动的切入点。通过满足顾客需要，从而实现企业的战略目标，这是企业市场营销的核心要求。由于企业满足顾客需求的能力不同，满足顾客需求的层次也不一样，所以，企业要选择自己力所能及的需求去做。如果不能正确认识顾客的需求，就不可能生产出满足顾客需要的产品与服务，这是以顾客需求为导向的基本要求。那么，企业怎样做，才能做到以顾客的需求为导向，生产出能够满足一部分顾客的需求的产品呢？

首先，企业要做好调查。没有调查就没有发言权，究竟顾客的需求是什么，产品能不能满足顾客的需求，这些都要通过市场调查才能找到答案。具体来说，可以在现有顾客当中随机抽取样本，向其发送问卷或打电话咨询，来了解顾客对企业及产品的满意度。测试可以分为：高度满意；一般满意；无意见；有些不满意；极不满意等几个等级。如果顾客对企业的满意度比较高，企业就会有比较好的口碑，如果顾客的满意度比较低，企业就要根据顾客的需求来做出改变。

其次，认真分析顾客流失的原因。销售人员要懂得对流失的顾客进行分析。顾客流失都是有原因的，如果销售人员能够了解到顾客流失的原因，就能清楚顾客的需求，按照顾客的需求来改进工作，以防止其他顾客的流失。

另外，大顾客是企业利润的主要来源，要想提高大顾客的忠诚度、降低大顾客的叛离率，就必须从大顾客利益的角度出发，充分运用战略和策略等各种手段来满足顾客的需求。满足大顾客需求的最重要的方法就是做好与顾客的沟通。

为确保企业与顾客的及时沟通，企业可以设立专线电话，为顾客提供咨询，及时了解顾客的需求，以便为顾客提供更优质的服务，充分满足顾客的需求，留住更多的顾客。

责任到人，实施专人负责制

企业销售业绩的增长要依赖老顾客，这早已是业界公认的了。如果没有老顾客做稳固的基础，对新顾客的销售也只能是对所失去的老顾客的抵补，总的销售业绩不会增加。在营销当中老顾客的转介绍是营销员获得新顾客的重要途径和来源。顾客转介绍的新顾客具有稳定、积极、认同产品等优势，因此，在销售时，转介绍的顾客较容易交流沟通，促成签单，最终成为自己的顾客。而这一切的前提是，要留住、服务好你的老顾客，让老顾客真正成为你的业务新增长点。

企业经营的核心是销售，销售的核心是顾客管理。但是在实际工作中，很多企业的顾客管理做得很糟糕，一方面是没有认识到顾客管理的重要性，另一方面有些企业为了提高销售业绩，实行全员营销，每个人都在负责一点营销工作，但是能够做好的却没有几个。随着市场竞争越来越激烈，企业越来越注重营销的管理工作，尤其是对老顾客的管理工作。所谓忠实的营销员才能够带来忠实的顾客，因此，对于老顾客企业要实施专人负责制。对老顾客责任到人是有很多好处的。

销售人员往往是忙于开发新顾客，而忽略了对老顾客服务的监管。有的销售员意识到了这一点，但是他们只是等到有时间了才去关心对老顾客的服务，这往往会因为服务不周而失掉老顾客。企业实行责任到人，对老顾客实施专人负责，就能够连续不断地对顾客服务进行监管。

销售员只是把东西售出去而不管后期的服务的话，顾客的一些“抱怨”往往不能够很好的传达给企业，从销售到后期服务都由专人负责的话，就会对顾客比较了解，顾客出现疑问也能够及时的给予解决。

企业对老顾客责任到人，实施专人负责制。当老顾客遇到问题时就知道要找谁联系，否则顾客遇到问题不知道和谁联系，会选择沉默，然后

"叛离"。有专人负责，一旦顾客有什么问题，他们的问题就能顺利地向上级部门传达。并且实行专人负责制，并保持顾客服务的水平，这一点会给顾客留下深刻的印象。

当企业把老顾客交给某个人或某几个人负责的时候，所要考虑的问题就是，确保团队中的每个成员都能意识到这个职位的重要性。虽然是由某个或某些人来负责管理老顾客，但在确保企业能够提供高水平的顾客服务、努力满足顾客需要方面，其他人也都肩负着同样的责任。

总之，要确保顾客的抱怨能够被追查到底，顾客满意度的调查能够定期进行，能够及时审核顾客服务，对老顾客实施专人负责制，最重要的是能够全面、完整、真实地记录顾客信息，快速、准确地满足顾客的需求，增加让顾客对企业感到满意的机会，同时为更好的发展新顾客、扩大销售奠定基础。

定期或者定专题，组织顾客联谊会

顾客联谊会能让顾客有方便的购买渠道，让顾客有方便的保全渠道，为顾客提供个性化服务。现在企业销售产品时，一般是在业务员的推销和介绍下完成的。顾客对企业产品的了解主要是通过业务员的介绍、企业所做的产品广告宣传或向电话中心服务人员咨询。但要为顾客提供真正需要的产品，还需要开辟一条畅通的沟通渠道。顾客联谊会能拉近顾客与企业的距离，第一时间真正让顾客得到全方位的信息。

不仅如此，顾客联谊会还能够拉近业务员和顾客的关系。有的销售员在与顾客沟通的过程中会遇到一些问题，感觉与顾客沟通始终存在障碍，双方都能感觉到有一层纱隔在中间，但是就是谁也不去捅破，原因很多，但是不捅破这层纱就等于沟通效果没有达到，至少沟通的效果不够理想。这个问题通过顾客联谊会就能够解决。

总之顾客联谊会有很多好处，然而要保证参会的人数，就要让到会的人有利可图，否则对顾客的吸引力不大，下面就介绍几点具体的做法。

1. 推专家

也就是包装专家。聘请的专家最好是一些高级的技术人员、形象和素质好的、语言表达能力强、亲和力强、有娴熟的促销能力、年龄在50岁以上。如果专家本身出名，就重点强调他在产品技术方面所取得的成就。还有就是专家的职务、头衔及所得的奖励。

包装专家要注意不要过分吹嘘，在邀请顾客的时候，对于那些急切想了解产品技术方面的问题的人可以打专家牌，使之顺利到会。

2. 免费维修产品

这里要突出两点：第一是免费，满足人们爱占小便宜的心理。第二是突出产品，只要是本企业的产品，不管是在保修期内，还是老产品，都可以进行维修，如果不方便带到现场的产品，只要到现场做个登记，都可以随时上门免费维修。

3. 幸运大抽奖

这个利益点要突出奖品的精美和昂贵的价格。设立这个利益点目的是为了现场留人，同时也可以作为一个吸引顾客到场的“磁铁”。这对于清闲的顾客来说，也是一个意外的惊喜等他去拿。

4. 夫妻奖

只要是夫妻同往，都有精美礼品相赠。目的，吸引夫妻同往，增加到会率。

5. 文艺节目表演

设置一些愉悦身心的文艺节目，让顾客在参加会议的时候玩得尽兴，借此来吸引顾客。在发邀请函的时候就与顾客进行一次深度沟通，摸准顾客的层次、爱好，以此作为确定文艺节目的基础，以便使节目适合顾客的胃口，让顾客爱上参加联谊会，为下次联谊会的举行增加人气。

总之，企业无论是定期，还是定专题举办联谊会，都要站在顾客的角度想方设法吸引住顾客，而不是一味地想要推介自己的产品（那是产品推介会的任务）。只要是在联谊会上能够与顾客充分的交流，增进彼此的关系，联谊会就达到了目的。

建立“定人、定时间”的联络和回访制度

顾客回访对于企业来讲不仅可以得到顾客的认同，还可以创造顾客价值。顾客回访是顾客服务的重要内容，做好顾客回访是提升顾客满意度的重要方法。定期回访，能够让顾客感受到企业的诚信与责任。定期回访最好是定人回访，谁负责的顾客由谁去回访，这有利于增近和顾客的关系。

很多企业不重视顾客回访的环节，以为顾客回访会产生一些不必要的成本，其实充分利用顾客回访技巧，建立“定人、定时间”的联络和回访制度能够让企业得到意想不到的效果。

那么，怎样建立“定人、定时间”的联络和回访制度？根据顾客回访的实践来看，应该注意以下几个问题。

1. 注意对顾客分类

在顾客回访之前，要对顾客进行分类。顾客分类的方法很多，企业可以根据自己的具体情况进行划分。顾客分类完成以后，对不同类别的顾客制订不同的回访策略。例如，企业可以根据顾客的价值，把顾客分为高价值的顾客、一般价值的顾客和低价值的顾客；根据顾客的来源，把顾客分为自主开发、广告宣传、老顾客推荐等；也可将顾客按其属性划分，如合作伙伴、供应商、直接顾客等；还可以按顾客的地域进行分类，如国外、国内，再按省份，如山东、北京、上海等划分。

总之，在顾客回访前，一定要对顾客做出详细的分类，并针对分类制订出不同的回访方法。如果不对顾客分类，对所有的顾客都用同样的方法

回访，不会收到回访的预期效果。

2. 明确顾客需求

在给顾客做出了明确的分类之后，还要明确每一类顾客的需求，这样才能更好地满足顾客。最好是在顾客找你解决问题之前，你就进行回访，这样才能体现出你对顾客的关心，顾客才会感动。

我们回访的目的是了解顾客对我们的产品使用情况，对我们企业有什么想法，继续合作的可能性有多大。我们回访的意义是要体现我们的服务，维护好老顾客，了解顾客想什么，要什么，最需要什么，是要我们的售后服务再周到一些，还是觉得我们的产品质量应该再提高一些。企业建立定期回访制度，就可以直接了解产品的应用情况，了解和积累产品在应用过程中的问题。实际上我们需要顾客的配合，来提高我们自己的服务能力，这样才会发展得越来越好。

3. 确定合适的顾客回访方式

顾客回访可以采取电话回访、电子邮件回访及上门回访等不同的方式。从实际的操作效果看，电话回访结合当面回访是最有效的方式。

4. 抓住顾客回访的机会

产品同质化程度很高的情况下，顾客购回产品后，从当初购买前担心质量、价位，转向对产品使用中的服务的担心。所以在产品销售出去后，定期的回访十分重要。

一般顾客在使用产品遇到问题时、顾客购买的产品有故障或需要维修时、顾客想再次购买时是顾客回访的最佳时机。如果能掌握这些，及时联系到需要帮助的顾客，提供相应的支持，将大大提升顾客的满意度。

5. 利用顾客回访促进重复销售或交叉销售

最好的顾客回访是通过提供超出顾客期望的服务来提高顾客对企业或产品的美誉度和忠诚度，从而创造新的销售可能。顾客关怀是持之以恒的，销售也是持之以恒的，通过顾客回访等售后关怀来增值产品和企业行为，借助老顾客的口碑来提升新的销售增长，这是顾客开发成本最低也是最有效的方式之一。开发一个新顾客的成本大约是维护一个老顾客成本的6倍，可见维护老顾客是如何重要了。所以，在顾客回访过程中要了解顾客在使用本产品中的不满意，找出问题；了解顾客对本公司的系列建议；有效处理回访资料，从中改进工作、改进产品、改进服务；准备好对已回访顾客的二次回访。通过顾客回访不仅能解决问题，而且会改进公司形象和加深顾客关系。

6. 正确对待顾客抱怨

顾客回访过程中遇到顾客抱怨是正常的，正确对待顾客抱怨，不仅要平息顾客的抱怨，还要了解顾客抱怨的原因，把被动转化为主动。企业可以在售后服务部门设立意见收集中心，收集更多的顾客抱怨，并对抱怨进行分类。例如，可以把对产品质量的抱怨（由于功能欠缺、功能过于复杂、包装不美观、使用不方便等），对服务人员的不满意（不守时、服务态度差、服务能力不够等），对产品价格的抱怨等进行分类。通过解决顾客抱怨，不仅可以总结服务过程，提升服务能力，还可以了解并解决产品相关的问题，提高产品质量，扩大产品使用范围，更好地满足顾客需求。

处理抱怨的原则，概要而言有4种：

（1）把它当做一件事

顾客抱怨时，应该把它看成“好机会”。既不要怕它，也不要讨厌它。因为，顾客之所以向推销员提出抱怨，是由于认为：“我提出抱怨必能促使出售商品的公司获得各种改善。”这表示，顾客是依赖你的，你当然要欣然接受。事实上，如把抱怨处理得好，顾客对你的依赖感只会增多，不会减少。这就叫做转祸为福。顾客获得强烈的好印象后，必定逢人便说，这无形中对公司做了有力的免费宣传。

（2）要有处理抱怨的作业体系

处理抱怨应该是一套固定的作业方式才不会把事态扩大，引发不可收拾的局面。你切莫一意孤行。处理之前，你必须请有关的部门与人员提供办法，紧密配合，否则容易造成“脱节”“断层”的现象。

（3）先化解对方的怒意

诚心诚意地道歉是处理抱怨时最先要做到的事。接着，采取低姿态，以附和的口气聆听对方的说辞。在顾客怒气已宣泄（说够了）之后，你再迅速整理他抱怨的重点，并且予以确认。最后探究原因，做适当的处理。

顾客抱怨的原因，不外乎公司的错误（例如，商品有缺陷）；推销员说明不够；顾客的错误（例如，操作顺序有误）；顾客的误解（例如，听错了推销员的说明）；发生意外事故（例如，运送途中的事故）。

不管原因如何，你要诚心诚意的解释（切莫流于议论，或是辩解）。抱怨只要处理得当，顾客反而会支持你。你要记住这个事实。

（4）处理的速度要快

立刻处理，这是化解抱怨带来的纠纷最实在的利器。例如，原因在商品的缺陷，你却对顾客说：“由于周末下午不上班，紧接着又是星期天，所以，我们在下星期一中午以前，再把新货送到府上。”

如果你是顾客，将作何感想？你一定会想：“还要拖到星期一？只考虑到自己的情况，一点也不为顾客着想。这种公司的商品，以后还买才怪呢！”要是你在当天就急急忙忙、满身大汗地把新货送到他的家，那种效果与前者相比，可就有天壤之别了。

7. 建立和运用数据库系统

企业建立顾客回访制度，很重要的方法就是建立和运用数据库系统，例如利用顾客关系管理中的顾客服务系统来完成回访的管理。将所有顾客资料输入数据库，如果可能，还要尽量想办法收集未成交顾客的资料，并进行归类。无论是成交顾客还是未成交，都需要回访，这是提高业绩的捷径。制订回访计划，何时对何类顾客作何回访以及回访的次数，其中的核心是“做何回访”。不断地更新数据库，并记录详细的回访内容，如此循环使顾客回访制度化。日积月累的顾客回访会促进企业销售业绩的提升。

总之，顾客回访是顾客服务的重要一环，企业建立顾客回访制度，定时定人去回访顾客，在满足顾客需求的同时，也能够为企业创造利润。

联络回访不宜太“勤快”，以防招烦

顾客回访是顾客服务的一项重要工作，做好顾客回访是提高顾客满意度的关键方法。通过对顾客的回访，既能从中了解到产品的不足，得到顾客不同的意见和建议；又可以减少顾客投诉，增进与顾客的感情，提升顾客的满意度；同时还与顾客进行较多的互动和沟通，完善顾客数据库，促进销售工作的开展。但是，联络回访不宜太“勤快”，否则会招致顾客的厌烦。

很多顾客会抱怨企业的售后服务不够周到，然而“太周到”的售后服务也会惹来顾客的不满。部分企业次数过多的售后回访给顾客的生活造成了令人不快的打扰，更被专家指为“涉嫌干涉消费者隐私权”。

一般来说，企业给消费者提供的售后服务包括产品介绍、送货、安装、调试、维修、技术培训、上门服务等，“售后回访”并不是售后服务的组成部分。从消费者的角度来看，消费者也没有这样的需要，而企业给出的理由是“为了向消费者提供更好的服务而希望消费者进行配合的服务管理”。

有专家认为：“这种说法看似是为了消费者着想，其实自相矛盾。”过度的售后回访其实已经对消费者造成了骚扰，涉嫌侵犯消费者的隐私权。我国《消费者保护法》明确规定：“消费者有权自主决定购买或者不购买任何一种商品、接受或者不接受任何一项服务。”而“私人生活的安宁”也是我国每个公民都具有的隐私权中的重要组成部分。但是，这并不是说企业不能进行联络回访。其实，联络回访是企业增加销售额的一种方法，只要是把握好联络回访的度，不让顾客为此感到烦恼，还是可以进行的。

联络回访老顾客的方式有很多种，如上门拜访、电话回访、发送邮件等，其中电话回访是比较常用的也是比较有效的方式。因为，上门拜访会受到很多因素的制约，比如顾客没有时间接待，去了顾客临时有事出去了等。电子邮件回访可能顾客看不到或者是顾客正忙于其他事情，没有时间细看就把邮件给删掉了，还有就是顾客虽然看到了，也对企业存在一些看法，但是没有时间回复邮件。所以，与上门拜访和发邮件回访相比，电话回访最直观、最有效，只要是接通了电话就能够了解到顾客对产品的看法，即使顾客正处于忙碌中，一时无法了解到他对企业或者产品的看法，也可以约定再打电话的时间。总之，电话回访是联络回访顾客方式的一种创新，有利于深化顾客关系。

当然电话回访的频率也要适中才行，打电话的次数过多同样也会招致顾客的厌烦。具体来说电话回访的次数要根据实际需要而定。

在成交的时候可以约定电话回访的时间，得到顾客的同意再进行回访。在回访的时候也可以约定下次回访的时间。

如果顾客要货的时间比较紧急，那么电话回访的次数就要以两三天为宜。

在没有和顾客约定的情况下，顾客对产品的需求也不是很着急，第一次电话回访在成交一周后为宜。

回访老顾客的技巧和注意事项

老顾客维护回访是销售终端一项十分重要、细致的工作，它是足球场上的“临门一脚”，是实现销售终端拦截的成功之道，应精耕细作，用心操作。

营销专家认为回访工作主要采取以下 7 个步骤：

（1）拟定回访检查内容。顾客对产品的质量是否满意；对产品的价格是否满意；对业务员的印象怎么样；是否曾给企业介绍过其他顾客进来；对售后服务是否满意；希望企业在哪些方面有所改进；业务员是否有违规现象等。

（2）制订回访业务清单。

（3）拟定对顾客进行上门回访或电话回访的标准。

（4）拟定回访话术。

（5）上门回访是实行回访检查内控制度的重要环节，一定要从大处着眼，小处着手：注意仪表，注重言谈举止，给顾客以良好的公司形象；熟记顾客的购买情况，有的放矢；酌情邀请业务员共同回访，在顾客面前树立业务员的良好形象，以拓展业务；尽可能地与顾客的左邻右舍沟通，拓展业务；无论是电话回访还是上门回访，及时抓住机遇，树立业务员的良好形象，宣传公司产品，传播公司的良好信誉。

（6）做好上门回访登记表。

（7）制订回访信息反馈表。

为了有效实行回访检查内控制度，公司有关领导要向业务员宣导回访工作的意义目的。并告知回访的内容和形式。精心组织致“百万顾客公开信”的大型回访活动，以期收到良好的社会反响。

实行营销新单回访检查内控制度，以便获得顾客的积极配合。凡是业务员预先告知顾客要进行回访的被访者非常欢迎，积极配合。凡经济条件较好和文化层次较高的，且比较年轻的顾客，都乐意接受电话回访。有些年纪较大的顾客不仅乐意接受电话回访，还会欢迎上门回访。如果回访者业务知识娴熟和语言表达恰到好处，95%以上的被访者都会欢迎回访。这些顾客都会觉得，和这样的企业合作很放心，如果是身边的朋友需要这类产品，肯定会向他们介绍的。

回访中遇到的难点是：回访一个很重要的功能就是检查业务员有无违

规操作的现象，但又不能让顾客感到紧张，感到业务员不可靠。回访的另一个重要功能就是判断顾客是否有失实告知甚至行骗的迹象，但又不能让诚实的顾客感到难堪。解决这两个难点在于，掌握业务员以往成交的情况，熟悉公司的各项制度规定，以便准确分析和判断顾客的情况。另外，回访老顾客必须要潜心研究回访话术，恰如其分表述，不断丰富自己的专业知识，提高自身综合素质。

对老顾客的回访，企业还可以考虑对那些高素质的业务员是否可实行“抽检”或“免检”政策。对于拥有大量顾客的资深业务员，公司是否可以帮助他们分别举行“回访保户座谈联谊会”等活动，既达到了回访的目的，又树立了业务员形象。

第五章

与老顾客相处之道

与老顾客交往中，需要把握一些基本原则。与老顾客相处，要有如履薄冰的心态，一丝一毫的不慎言行都有可能会造成顾客流失的后果。

多了解顾客的脾气秉性

每个人的脾气秉性都不一样，顾客和顾客的脾气秉性也不相同。因此，销售人员在与顾客打交道的时候要多了解顾客的脾气秉性，采取与他们相协调的行为处事方式及销售策略，这样才能获得顾客的认可，从而取得销售成功。

只有了解了顾客的脾气秉性，我们才能知道运用何种方式与其进行沟通，顾客才比较容易接受我们的观点。相关人士把顾客的脾气秉性分为以下几种。下面我们就看一下，销售员应该如何应对各种不同脾气秉性的顾客。

1. 从容不迫型顾客

从容不迫型顾客严肃冷静，遇事沉着，不易被外界事物和广告宣传所影响，他们会认真听取销售员的建议，偶尔还会提出问题和自己的看法，但不会轻易作出购买决定。这类顾客特别重视与人见面的第一印象，如果给他们留下的第一印象不好，他们绝对不会再给第二次见面的机会。

销售员遇到这类顾客，必须谨慎地运用层层推进引导的办法，多方分析、比较、举证、提示，使顾客全面了解他所能够获得的利益，以期获得对方理性的支持。总之，与这类顾客打交道，要拿出有力的事实依据并耐心地说服讲解，否则销售是不会成功的。

2. 忙碌或性急的顾客

有些顾客确实非常忙碌，他根本没有时间听你做细致的介绍，所以，面对这类顾客要直接切入正题。我们可以对顾客说：“我只花您两三分钟的时间。”当你利用两三分钟的时间，简要地介绍完了产品之后，再看看顾客的表情，如果顾客面露想要继续听下去的神态时，你可以说：“我再给您详细说几分钟就好了。”然后，你再谈几分钟后，就可以问顾客是否还有什么不清楚的地方。

若遇到性急的顾客没等你把问题交代清楚，他就连珠炮似的发问，销售员一定要让对方把问题问完，这既表现出你对他的尊敬，又能听清楚对方的问题。等到你介绍产品的时候，你大可不必按照他的问话次序进行，你可以很有逻辑性地向他说明产品的使用方法和好处。

当我们把顾客的注意力吸引到我们的谈话上时，要尽量说明我们所认为要紧的理由，如果销售员本身说得不够简洁和清楚的话，反而会使顾客听得不耐烦，所以这时销售员最好长话短说，多用动词，少用形容词，言语简短有力。

3. 吹毛求疵型顾客

有这样一类顾客，他们总是喜欢对销售员或者产品吹毛求疵，喜欢跟人争辩和理论，这类顾客比较难以接近。

遇到这种类型的顾客，我们可以先赞同他的语言，然后再说出自己的观点。例如你可以说："是的，您讲的话的确很有道理，我对您的学识十分佩服。但是这种产品，是我们公司的新发明，它曾被某某大学这方面的专家试验过，专家们称赞这项发明确实非常好。"就算我们知道顾客是在诡辩，也不可以指责或点破对方，可以一方面表示认可他的说法，另一方面最好是设法改变话题，从其他方面再跟他谈论下去。另外，如果我们能够提出权威证明，对方也比较能接受。

4. 冷淡傲慢型顾客

冷淡傲慢型顾客大多是一些自以为是，自尊心强，比较顽固，不易接近的人。但是如果你能够和这类人建立起业务关系，他就能够长久地作为你的忠实顾客。

由于这种类型的顾客个性严肃而灵活性不够，对销售产品和交易条件会逐项检查审问，商谈时需要花费较长时间，销售员在接近他们时由熟人介绍效果最好。对这种顾客，有时候销售员用尽各种宣传技巧之后，所得到的可能依然是一副冷淡、傲慢的态度，甚至是刻薄的拒绝，因此，销售员必须事先做好思想准备。

碰到这种情况，销售员也可以采取激将法，给予适当的反击，如说一句："既然贵公司没有这个能力，我就不再打扰了。"如此这般以引起对方辩解表白，刺激对方的购买兴趣和欲望，有时反而更容易促成销售交易。

5. 圆滑难缠型顾客

处事比较圆滑的顾客，在与销售员面谈时，往往是先固守自己的阵地，并且不易改变初衷；然后再向营销人员索要产品说明和宣传资料，继而找借口拖延，还会声称另找厂家购买，以观销售员的反应。倘若销售员初次上门，经验不足，便容易中其圈套，因担心失去顾客而主动降低售价或提出更优惠的成交条件。

针对这类圆滑老练的顾客，销售员要预先洞察他的真实意图和购买动机，在面谈时营造一种紧张气氛，如现货不多，不久要提价，已有人订购等，使对方认识只有当机立断做出购买决定才是明智之举。对方在如此"紧逼"气氛中，销售员再强调购买的利益与产品的优势，加以适当的"利诱"，如此双管齐下，顾客也就不会再纠缠了。

6. 不爱讲话的顾客

销售员最难应付的顾客，就是不讲话的顾客。顾客不愿意讲话可能是因为担心一旦讲了话，销售员就会劝自己买东西，所以还是不说话为妙。也有可能是他们性格上如此，就是不喜欢讲话。

事实上，这种不爱说话的顾客并非绝对不开口，只要有他们感兴趣的话题他也能讲得很开心，所以销售员应该找到顾客的兴趣爱好，从这方面入手，就可以调动起他们谈话的兴致了。

7. 爱讲话的顾客

当我们拜访爱讲话的顾客的时候，他们一高兴就会滔滔不绝，与他们沟通所要花费的时间，一般都要比预计的多，这样就有可能耽误你访问其他顾客的时间。倘若在时机不当的情况下提出告辞，就会被顾客认为服务不周而遭到责怪。但是不管怎么说，爱讲话的顾客比起不爱讲话的顾客来，容易应付多了。这种喜欢和销售员攀谈的顾客，又可区别为两种，一种是想利用他的口才来让销售员知难而退，另一种是天生就是好说话的个性。

对于前一种顾客，销售员可以在他的言谈中找出顾客的矛盾、误解、欲望来，用简洁的话语询问原因，从中找到销售的突破口。对于后一种顾客，我们首先要认同顾客所谈的话题，赢得对方的好感，然后再找到适当的时机引入销售的主题。

以上是几种常见的顾客类型，我们也不排除有其他类型的顾客，总之，在和顾客交谈之前，一定要摸清顾客的脾气秉性，针对他们的脾气秉性寻找销售的突破口。

了解和掌握顾客的生活情况

和顾客谈生意，就像是行军作战，只有知彼知己，才能百战不殆。我们的伟大领袖毛泽东也说："不打无准备之仗。"所以，销售人员在和顾客沟通之前，一定要先对顾客进行了解。只有了解顾客的生活情况，才能了解顾客的消费能力。根据顾客的消费水平，计划一下拿下他的最佳方案，这样才能轻松地搞定一些顾客。

有人根据顾客的生活情况，把他们分为了六层，就像是金字塔，从下往上，依次可以看到他们的不同需求：

第一层：吃饱穿暖型。他们是处在最下层的人，需求最容易满足，也是最容易搞定的顾客类型，他们最关心的是衣食无忧，满足他们基本的生活就会感激涕零。

第二层：生活安定型。也就是住房和汽车的需求。

第三层：追求精神生活的人。包括精神信仰、亲情、友情、爱情，甚至对宠物的喜爱之情（这些基本可以从这个人的办公室摆设里展露端倪）。以此为话题的切入点，往往会拉近你们之间的距离。在西方，共同的宗教信仰常常是你与顾客进行心灵沟通的钥匙。

第四层：高贵的生活。需要被尊重，被敬仰，被视为尊贵。

第五层：唯美主义。对这类人来讲，金钱可以视如粪土，“只买贵的，不买对的”。

第六层：“为所欲为”。只有极少数的人能达到这个阶段。而从“自我实现”的角度来看，也有些人的心理已经达到了这一层面。

销售人员了解了顾客的生活情况之后，拿他们的生活水准去应对他们，很容易就能够获得成功。然而有一类人是非常难满足的，就是那种精神上已经达到了金字塔的最高境界的人。虽然我们觉得他对产品有需求，但是他自己却不这么认为，这类人是很难被说服、被利诱的。我们一旦遇到这样的顾客，就不要强行把自己的观点加注于他，无论你说得再多也是无济于事。这时候就要进一步了解此类顾客的生活习惯和生活细节，以便发现他们的兴趣、爱好，从他们的兴趣方面着手，先与其建立感情，然后再出其不意的向其推销产品，这样才有成功的可能，否则只能是竹篮打水一场空。

总之，在产品同质化越来越严重的今天，怎样才能让自己的产品在同类产品中脱颖而出，怎样才能顺利地说服顾客，已经成为摆在各个企业面前的一道难题。实践证明，了解老顾客的生活习惯、生活细节、心理需求，迎合他们的偏好，以情感激发他们对产品的好感，是解决这道难题的有效方法。

寻找与顾客的相融点

杰弗里·吉特默曾说：“如果你找到了与潜在顾客的共同点，他们就会喜欢你、信任你，并且购买你的产品。”然而，我们在和顾客沟通的时候常常会遇到这样的事情，虽然你为了获得顾客的信任，尽量用友好的态度面带微笑地讲话，顾客很温文尔雅。但是，到了该签单的时候，顾客忽然一反常态，提出了非常苛刻的条件，恨不得掠走你的一切利益然后扬长而去。这时候你似乎只有两个选择：要么继续去做无利可图的生意，要么终止合作。

如果你觉得亏本就终止这桩生意，显然你会因此丢掉这个顾客。所以，要与顾客长期合作，必须寻找一种独特的方法来避免陷入这种困境。要知道，即使你销售完美无缺，顾客为了争取更多的利润，也会挑出许多毛病的。

在顾客与你竭力相争的情况下，你如何才能保障你的利益不受到损害，同时保全你的买卖，与顾客友好合作呢？与顾客争吵只会让你流失掉这个顾客，除非你做的是独家生意，顾客不得不买你的产品。而逃避问题是更坏的方法。

妥协也不是解决问题的根本方法。如果你认为在价格上打10%的折扣对收入影响不大，说不定可以接受，但是你的让步，不仅会减少你的收入，还会让顾客在今后的讨价还价中得寸进尺。

即使“妥协”有利于消除与顾客之间的分歧，“迁就”或许会在商谈中节约时间，但这都建立在损害你的利益之上，因而它绝不是大家所公认的、都能接受的方法。

对待爱挑剔而对你来说又非常重要的顾客的最好的方法就是“心平气和”。既不与顾客争吵，也不在利益方面做出妥协；站稳自己的立场之后，再与顾客周旋。既不要轻易断绝一笔生意，又要不断打开新的门户。

寻找与顾客的相融点，尽力使顾客与你合作，这是解决这一难题的有效方法。怎样寻找与顾客的相融点，下面介绍几种方法。

1. 要知己知彼，轻取对方

顾客都想得到最大的实惠，你要满足顾客的这个心理。可以在价格、条款等方面让步，这种让步能体现出你所愿意接受的最低限度。让顾客了解你的这个底限，他们就不会再试图得寸进尺了。

许多销售人员认为他们的机动性只局限在价钱上，这种狭隘的观念只能带来不良后果。当然在价格问题上顾客和销售人员必然不会一致，但把注意力集中在价格上只能增加反感。所以，在和顾客的商谈中要增加灵活性，灵活性越大，供你选择的余地越多；而选择的余地越多，交易的成功率就越高。

如果能够把焦点对准顾客和你共同受益的方面，如在生产品的包装上下工夫，或提供特殊服务，在不损害企业利益的前提下对顾客提供优惠等，生意就比较容易谈成。

2. 多关注顾客的利益

顾客最关注的就是利益，与顾客比较容易相融的销售人员总是把注意力放在顾客的利益上——而不是只顾自己。然而过多地关注对方的利益会对销售人员不利。因为顾客和企业的利益在一定的层面上来说是此消彼长的关系，因此在交易中需要双重的重视，既要考虑顾客的利益，更得重视企业的利益。

3. 在机会成熟的时候才表态

销售人员不要犯这样的错误：在没有认定整个交易是否合理的时候，就轻易表示赞同，这有可能会损害企业的利益，也会令你得不偿失。一些精明的顾客常常会通过蚕食的方法把你的利益都据为己有。当你发现的时候，想要收回已做出的让步显然是不太可能的。这时候唯一的解救方法就是，你提出两个条件供顾客选择，如果顾客能够满足这两个条件中的其中一个，你便可以兑现承诺，以此来挽回你的损失。

以上方法仅供参考，要找到与顾客的相融点，就要结合实际情况，在坚持自己的原则的前提下向顾客靠拢。

建立起融洽的情感纽带

有的销售员总是把顾客放在与自己对立的一面来对待，其实，与顾客先交朋友，后谈生意，建立起融洽的情感纽带，更有利于交易的完成。“朋友多了路好走”，在商场当中也是如此，能否与顾客建立起融洽的情感纽带，决定了你今后的生意是否能够成功。

怎样才能与顾客建立起融洽的情感纽带呢？相关人士认为可以从以下几个方面来进行：

第一，建立详细的顾客档案。建立顾客档案是与顾客有效沟通、培养情感的一种重要方式。顾客档案不单是企业情况，还应是决策人、重要联络人的小档案、个人的兴趣、爱好、重要的纪念日等。真心和顾客做朋友，就要了解朋友的这些基本情况，以便适时地进行联络（见下表）。

顾客档案模型案例

类别	详细内容
基础资料	客户的最基本的原始资料，主要包括客户的名称、地址、电话、所有者、经营管理者、法人代表及他们个人的性格、爱好、家庭、学历、年龄、创作时间、与本公司的起始交易时间、企业组织形式、业种、资产等
客户特征	主要包括服务区域、销售能力、发展潜力、经营观念、经营方向、经营政策、企业规模、经营特点等
业务状况	主要包括销售实绩、经营管理者和销售人员的素质、与其他竞争对手之间的关系、与本公司的业务关系及合作态度等
交易现状	主要包括客户的销售活动现状、存在的问题、保持的优势、未来的对策、企业形象、声誉、信用状况、交易条件以及出现的信用问题等方面

第二，加强与顾客工作之外的接触。上班时间是正常的业务往来，而要成为朋友更多的工夫是在业务之外，因为工作之外，人的精神是比较放松的，感性的成分也多一点，这时顾客比较容易被情感打动，也比较容易付出情感。

第三，以情动人。建立在金钱基础上的友谊不能长久，和顾客的关系也是这样。与顾客培养情感不是用金钱去收买顾客，而是要以情动人。一纸贺卡、一句祝福更让人激动。

第四，尊重顾客，不要勉强顾客接受自己的建议。与顾客沟通应该是双向的、良性的互动，差强人意只能导致别扭，就算接受了也是勉强，以后也容易出现问题。

第五，主动承担责任，保持"顾客永远是正确的"的心态。在与顾客的长期交往中，双方出现矛盾和争执是在所难免的事情，但是与顾客据理力争，结果只能是伤了双方的和气。所以，当矛盾出现的时候，一定要有正确的心态：顾客永远是正确的。所以只要敢于面对失误，主动承担责任，顾客也会对你尊重有加，与顾客的关系也会得到更大的改善，也容易建立牢靠的友谊。

第六，让顾客对你产生信任。培养和顾客的情感是一个双向的过程，双方都会因此受益。所以，销售人员要努力去了解自己的顾客，了解他们的需求、工作规律与内容，多站在顾客的角度为他们着想，只有这样，才能与顾客建立信任关系。

第七，关注顾客的情感。如果顾客情急败坏地打来投诉电话，这时候你最需要做的是稳定顾客的情绪，而不是关心销售问题。这时和顾客说话语气要委婉，要对顾客表示认同。

第八，以情感吸引顾客。和顾客谈生意不要一味地介绍你的产品，如果是能够以情感吸引顾客，这是对产品最好的介绍。每个品牌都有它背后的故事，如果能够把产品背后的故事拿出来和顾客分享，在很大程度上能增进顾客与销售人员的感情，增强顾客对产品的感情。所以，销售人员在向顾客介绍产品的时候，不要只谈产品，可以讲一些和产品有关的生动的小故事，借此来激发顾客对产品的情感，以情来吸引顾客是说服顾客的有效方法。

以上所说的几点是在销售实践中总结出来的，能够和顾客建立起情感纽带的方法，销售人员要认真运用。

重视顾客的满意程度

一种产品如何才能够达到顾客的期望值，顾客才会对它非常满意。如果不能达到顾客的期望值，顾客对它的满意度也不会太高。谁也不会去购买自己不满意的东西，所以，如果顾客对产品的满意度不高，顾客就不会去购买这种产品。因此，做销售一定要重视顾客的满意度。

很多产品都是顾客在以前使用过或接触过该种服务，这时候在顾客的头脑中就会有一种既定认识，认为该种产品或服务应当这样或不应当这样，从而在潜意识中拿来与再次接受或使用时的感受相对比，影响了顾客的满意程度，并且这时候顾客通常会感觉这次体验的产品没有上次使用过的好。针对这种情况，如何提高顾客的满意度呢？

1. 降低顾客期望值

我们可以用一个公式来表示顾客的满意度：满意度 = 感受值/期望值。这里的期望值就是指人们根据以往的经历、经验或从别处获取的信息而建立的对某一事物目标状态的评估，就是上面所说的“既定认识”。感受值是指实现后的实际状态。期望值是主观建立的，所以同一事物不同的人，或同一事物同一人的不同时期，期望值都可能不同；感受值是客观存在的，不以人的意志为转移。这也就是说，满意度的高低是由期望值的大小来决定的，并且它们之间是反比例关系。在感受值固定不变的情况下，期望值越大，满意度则越低，相应地，期望值越小，则满意度越高。由此可知，要想提高顾客的满意度，就要降低顾客的期望值。

2. 增加顾客的感受值

依据顾客满意度公式可以得出降低顾客期望值能够提高顾客满意度，同样，我们也可以依据这一公式得出增加顾客的感受值也是提高顾客满意度的一条途径。实际上，企业提高顾客的满意度的最佳方法就是增加顾客的感受值，因为它可以通过超值服务来实现。许多成功的企业，之所以能够长久地成功，很大程度上便是得益于此。但是企业间的竞争日益激烈和明朗。对于不少企业来说，要为顾客提供更多的超值服务，却是心有余而力不足。其实这里面仍有许多被忽视的技巧。

3. 企业管理者的努力

企业高层亲自到现场去体会顾客的感受，阅读顾客的来信，接听并处理顾客的抱怨电话，与顾客交谈或通过电子邮件交换意见，顾客会感受到企业的真诚，并增强满意度。

4. 适时帮助顾客

帮助别人就是帮助自己，同样的，帮助顾客就是帮助自己。中国是礼仪之邦，向来都讲究礼尚往来。如果你能够在顾客需要的时候（当然了这种机会要靠你自己去寻找），适时地热情地给予帮助，那么顾客就会对你非常感激，这时候，他会表现出对你的满意和忠诚。

5. 提高员工参与企业经营活动的积极性

顾客的满意度在很大程度上受员工对企业经营活动的参与程度和积极性的影响。试想一个企业的员工懒懒散散，工作没有一点积极性，又怎么能够获得顾客的认同呢？只有那些高素质、充满活力和竞争力的员工队伍，才能让顾客感觉到服务的热情，才能获得顾客的满意。因此，企业要提高员工参与经营的积极性，带给顾客一个蓬勃向上，十分具有激情的感觉。

不放弃不满意的顾客

随着同类产品的不断增多，顾客购买的时候越来越表现得犹豫不决。有时候他们刚刚表现出对一种产品的喜爱，一下子又改变了主意，又想买另一种产品。这时候销售人员要表现出足够的耐心等待顾客在做完对比后下决心购买。如果这时候你表现得没有耐心，就会把顾客赶走。

即使顾客把产品买回去，也有不满意的时候。这种不满意的顾客分为两种类型：一种是投诉的顾客，他们愿意把自己的意见告诉销售方；另一种是没有投诉的顾客，也称沉默的投诉顾客，他们不愿意和他人分享意见。

有一项调查表明：大约有46%的不满顾客会采取某些行动，以便解决问题。而在投诉的顾客中，有68%的顾客对员工或管理组处理投诉的方式感到不满。他们每位不满的顾客又会将向至少9 ~10 位自己的亲朋好友宣传其不良的购物经历。

如果你得知了顾客的不满，这正是你和顾客彼此深入了解的一个机会，你能否消除顾客的不满，决定了你能否维护顾客的忠诚度并保持公司未来销售额的增长。

让投诉顾客获得满意是一件比较容易的事情，如何让没有投诉的不满顾客获得满意就不是那么容易的事情了。那些对产品或者服务不满意而没有投诉的顾客没有给你提供再次沟通的机会，他们离开后同样会向朋友、家人抱怨这段不快的经历，这种抱怨也会减少那些人与企业合作的次数。因此，重新赢回没有投诉的顾客是一份极具挑战性的工作，因为他们不易被发现。那么如何才能找出没有投诉的不满顾客呢？你可以借助以下措施：

①在销售没有达成，顾客要离开时，充当捕手和顾客交流，找出有关

产品或服务的问题。

②经常检查顾客的维修记录本，发现问题，主动联系顾客。

③留心顾客的购买周期。

④利用“顾客资料”向顾客进行电话回访，了解顾客对产品的看法、意见。

⑤针对一些有效的大顾客，定期或不定期的组织联谊活动，收集信息。

另外，当不满的顾客怒火中烧的时候，一定要用友好的态度化解顾客的怨气。如果双方怒气上升、针锋相对，使矛盾进一步激化，那怪不得顾客，都是你的责任。面对顾客的愤怒，你只有选择友好，才能使他平静下来，针锋相对只能是火上浇油。平静地听完顾客的叙述，让他的愤怒有发泄的地方，他很快就会恢复平静，而这时你就会很容易控制局势，也显得更职业。

用友好化解顾客的怨气要避免使用某些词句。以下就是一些应该避免使用的句子：

“过一会儿我就来解决您的问题。”

“这是我们企业的规定，我也没有办法。”

“这种事情是不会发生的。”

“很抱歉，这件事我管不了。”

下面是一些应该使用的说法：

“我马上就解决您的问题。”

“请不要着急，我会尽力帮助您的。”

“帮您解决问题是我应该做的。”

“请向我详细介绍一下情况。”

“这的确是个问题，我可以理解您的心情。”

“我保证问题马上就会得到纠正。”

不满顾客最终会将不满经历最多传达给多少人？计算公式如下：

最多传达给人数 = ［不满人数 - 不满人数 ×46% × （1 - 68%）］ ×10

创造顾客对你的依赖感和需求性

要创造顾客对你的依赖感和需求性，就要知道顾客的需求，满足顾客的需求。随着市场竞争的加剧，越来越多的企业抱怨生意难做，顾客难缠，其实这是因为没有找到顾客的敏感点，没有发现顾客的需求。

有些企业总是抱怨生意难做，市场空缺难寻。其实，随着人们生活水平的不断提高，消费者未被实现的需求也总是出现。企业在消费者未必满足的地方，用敏感点去对其进行影响，就能够刺激消费者的购买欲望。一个能够用敏感点去刺激消费者享受其附加值品牌，必然创造顾客的依赖感和需要性。

要了解顾客的需求与顾客的敏感点，首先必须了解我们的顾客是谁，他们有哪些特征，他们的生活方式如何？他们的需求和敏感点是什么？我们要依靠这些问题，从目标消费者大脑中找到一块尚未被满足的区域，然后设计出相应的产品来满足消费者的需要。由于我们的产品设计来源于消费者自身，消费者会自然而然地对此类产品具有需求性，因而无须费很多的力气就可以让消费者接受，甚至会让消费者产生依赖感。

人们敏感的问题有很多，这非常容易发现，例如用产品、话题、生理部位、隐私、政策等方面的敏感事件。我们在这里要说的是如果在营销上巧用创意上的敏感来实现对品牌的传播和塑造，让消费者对产品产生需求性和依赖感。

营销的敏感点就是具备诱惑力的刺激点，能够让消费者更快地找到你，认知你，接受你的问题。在营销当中，利用“敏感”问题对产品进行整合推广，能够使营销推广最小成本，最快速度地产生效益。因为，敏感问题经过记者曝光，然后再就“敏感”问题发出新鲜、异样的声音，就能引起公众的注意。还有些人把一些具有敏感点的事物经过偷拍而走光，敏感点一下子成为了抢眼的新闻。当然了，这里的“敏感”问题不能选择法律禁止的问题。

敏感点营销是传统营销的补充，如果要与新闻营销结合起来，共同弥补传统营销领域竞争方式的不足，从另类角度来释放高昂广告活动所承受的营销压力，不但能让企业降低成本快速成长，而且还能让顾客对产品产生依赖感和需求性。

当今市场上产品的同质化问题越来越严重，营销关键因素的雷同让许多产品都无法带给消费者新鲜感，企业寻找有价值的敏感点来进行创新营销，是一个新的出路。

潜心修炼“销售员品性”

销售人员在营销活动当中往往要备受心理和任务的双重压力，很多销售人员因为不堪重压而选择了逃亡，然而，从这个企业逃到那个企业，不停地跳来跳去，结果还是没有干出成绩。因此，作为营销人员，一定要潜心修炼“销售员品性”，以便在重压下不断成长。

著名的运动员刘翔的教练孙海平曾说：“运动员要提升自己的水平，在训练到极限的一刹那，一定要咬牙挺过去，挺过哪怕一秒，你就会上升一大步；如果挺不过去，水平绝不会提高。”这是很有道理的，销售人员也一样，如果遇到困难就退缩、逃避永远不会有进步、不会有提升。销售人员的心理素质，因人而异，因为人都是不一样的。但是心理素质是可以锻炼的，心理素质差的人不但不能做好市场开发，同样也做不好市场的维护。所以，销售人员一定要努力提高自己的心理素质，争取做一名优秀的营销人员。

一名优秀的销售人员一定要具有以下品性。

1. 要相信没有过不去的坎

有人早就说过销售不是卖产品而是卖服务，也就是说销售是在帮助顾客解决问题。既然销售的本质就是解决问题，那么在销售中遇到问题就是很平常的事情了。因此，销售人员面对问题要始终相信没有解决不了的问题。问题总会有，也能解决，但不会在问题出现的那个层面所能完全解决的。所以销售人员在遇到问题的时候，不要就事论事，要学会退一步，换一个角度想问题。也许换一个角度一切问题就会释然。

2. 在改变中寻找办法

如果和顾客的沟通陷入了僵局，继续谈下去只能使问题更糟，甚至是中断合作。所以，销售人员一定要学会变通，改变一下，或许就能找到解决问题的方法，不变就只能在等待中消亡。任何问题都没有完美的解决方案，只有在行动中不断进行优化、调整，从而找到更适合的、更好的方案。与其做一个所谓“完美”的方案再行动，不如先制订一个适合的、相对完善的方案先执行、先试点，再做调整、总结和评估。忽然你会发现，原来认为的“完美”的解决问题的方案，最经不起实践的考验；而在执行中寻找到的解决问题的方案才更“完美”。所以，销售员在遇到问题的时候不要停留在问题上面，要在发展中寻求改变解决问题的方法。

3. 要承受住枯燥无味的压力

销售人员整天风风火火，看上去工作很有趣味，其实销售行业是比较枯燥乏味的，每天都是面对顾客，销售产品，解决问题。但是越是这样，就越要耐得住心灵的寂寞，不断地练就提升自己的领导能力和控制局面的能力，在销售的道路上高歌猛进。

4. 焦虑是“大敌”

遇到问题大部分人都会产生焦虑，但是焦虑是不能解决问题的，反而是越焦虑就越找不到解决问题的方法。所以，销售人员要克服焦虑的“大敌”，不要遇事就挂在脸上，进而影响到团队其他成员，最后大家急得乱了方寸，这样的销售人员不是一个合格的销售员。销售是很锻炼一个人的职业，但也会全面考验一个人的意志和对事情的应对能力。永远要笑对困难，要这样想：出现困难就是要我们去解决，没有困难，我们就不能成长，工作就没有意义。

有人说在销售上遇到了很棘手的问题，需要做三种考虑：第一，最乐观的结果；第二，最坏的结果；第三，折中的结果。

最好的结果是顾客接受我们提出的所有要求，马上签下合同，付款，并且承担一切他们应该承担的费用；最坏的结果是我们接受他们所有的要求，之后，他们将会提出更多不合理的要求；折中的结果是，签下合同、顾客付款一部分、某些本该他们出的费用我们分担一部分。

如果按照上面的想法，其实销售员遇到问题不用焦虑，因为最坏的结果是：不会失去合作机会，只会陷入更加被动的局面而已；最好的结果基本不会出现的，因为顾客的目的就是追求利润，他们不会全盘接受我们的提议；折中的结果双方都有台阶可下，而且都是双方可以接受的。最后也是折中方案得以实现。

总之，销售员的品性就是沉得住气、能在改变中求发展、耐得住寂寞、顶得住压力、不被焦虑所困。营销人员在日常的销售实践当中要不断锻炼自己的这种品性，具有了这样的品性你就能成为一个具有“领导潜质”和市场“控制能力”的销售人员，你就掌握了必胜的销售心理技能和心理素质。

第六章

让新顾客自愿变“老”

老顾客都是由新顾客而来的，老顾客都是“回头客”，“回头客”是企业最大的财源。如何把陌生顾客“煮熟”？对待顾客的心态是根本，接待顾客的技巧是关键。

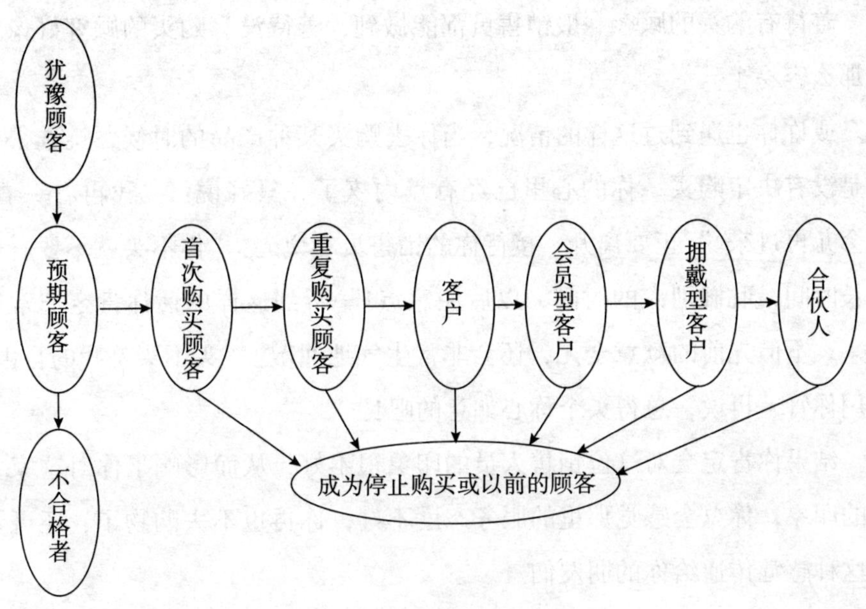

吸引和维持顾客的过程

善待没有购买的顾客

我们大概听说过这个故事：

美国有一位妇女每星期都会固定到一家杂货店购买日用品，在保持购买了3年之后，有一次这家杂货店的服务员对她态度不好，于是她到了其他杂货店购物，从此不再光顾这家杂货店。12年后，这位妇女来到这家杂货店，告诉杂货店的老板自己为何不再来购物的原因，老板耐心地听完并向这位妇女道歉。随后，老板算了一笔账，假设这位妇女每周都到自己的店铺购物25美元，那么12年时间里自己已损失1.56万美元的生意。

所以，作为商家一定要善待自己的顾客。

善待有购买的顾客一般销售员都能做到，善待没有购买的顾客好像就没那么容易了。

或许你也遇到过这样的情况，当你去购买某种产品的时候，挑选很久还是没有决定购买，你的心里已经有点内疚了，只好说："我再看一看，待会儿再过来。"正要离开，接待你的销售员却说道："你不买就不要看这么长时间，耽搁别人的时间，以后注意点！"听到这样的话你肯定非常不高兴，不但先前的歉意全无，还会非常生气地回敬："买不买是我的自由，还用你管，再说，总得买个称心如意的吧！"

结果你肯定会对这位销售人员的印象很不好，从而影响了你对这家卖场的印象，你总会感觉那里的服务态度不好，你再也不去购物了，还可能将这种感觉传递给你的朋友们。

顾客不购买的原因大致有以下5点：第一，销售人员推荐的商品在某些方面没有让顾客满意，或者不是顾客所需要的；第二，双方对于价格没有谈拢；第三，顾客想再转转，看有没有更适合的；第四，销售人员态度、举止行为和语言让顾客不满意甚至厌烦，由此对商品产生怀疑；第五，顾客只是随便转转，没有购买计划。

对于没有购买的顾客，销售人员一定不要恼怒，更不能因此蔑视或者是出口伤人，这时候要以一颗平常心对待，买不买是顾客的自由，顾客光顾你的产品就是对你的支持，因此，在顾客离开的时候也要用积极的态度欢送顾客，给顾客留下美好的印象，争取让顾客在有需求的时候，首先想到你。

有些销售人员做得更是不妥，笑脸迎客，一旦客人没有购买就把脸拉得老长，对顾客爱搭不理，笑脸迎进，冷脸送出。其实，在没有购买的顾客离开的时候销售人员也应该做到：

①真诚地感谢顾客："谢谢您的光临，欢迎您下次再来。"一定要做到"买卖不成仁义在"，对没有购买的顾客依然笑脸相送，让顾客感受到你的

真诚。

②了解顾客的真正需要，建议顾客到适合的地方购买，如“不适合没关系，请您到别处看看，欢迎您再来”、“您再去转转，如果没有更好的再过来”、“请慢走，欢迎您常来”等。

③告诉顾客一些有利消息，争取顾客的再次光临，如告诉顾客过几天有新品上架、打折促销活动等，欢迎顾客届时光顾。

④如果顾客确实有购买需求，而你在对产品作了比较全面的介绍后，他还是没有购买，这时候你不妨主动询问顾客没有购买的理由，以便改进自己的不足。

⑤销售人员在每次销售失败后，都应仔细分析原因，如果是产品本身存在着问题，就要向生产商及时反映情况，如果是自己的服务存在问题，就要积极地改正，避免在以后的工作中重蹈覆辙，犯类似错误。

总之，善待没有购买的顾客，能够为下次销售成功奠定基础。这次没有购买的顾客，很可能会因为对销售人员有良好的印象而再次光临并购买产品。

对每一位顾客要像家人一样

做好营销的最好的办法就是善待顾客，如何善待顾客？想一下我们在生活当中对谁最真诚？最关心谁？最能为谁着想？答案不言而明，那就是我们的家人。试想如果你对每一位顾客都像对家人那样体贴、照顾，有哪位顾客不会为你感动呢？

现在很多企业都把顾客当成上帝，上帝离我们总是很远的。所以还是把顾客当做我们的家人吧。把顾客当做自己的家人，当然不能用谎言去维持家人间的关系。只有大家一起共同面对困难，共同担负责任，才能保持一种健康的顾客关系。

营销最重要的是卖诚信，卖自己的诚心。试想你自己的亲人如果买了不满意的产品会怎样呢？所以，对顾客一定要向对家人一样诚实，一旦顾客对你产生了信任，而你又努力维持这种关系的话，不管发生了什么事，他们都会追随在你左右，这就是顾客服务的力量。

像对待家人一样对待每一位顾客，至少要做到以下两点：

1. 产品

建立起你和顾客间信任的充分必要条件就是，你要切切实实地站在顾客的角度想问题，把自己最主要的精力用于了解顾客的真实需求。你不是救世主和传教士，但你却是发现顾客真实需求的产品专家和良师益友。

营销人员不要把赢利作为经营生意的唯一目的，应该把专业和诚信放在第一位，尽力给顾客提供货真价实的东西——价格很公道、用处很清楚、性能很可靠。知道自己的财富来自于顾客，所以总是设身处地站在用户的立场来规范自己的行为和自己的产品。不要向顾客隐瞒产品的任何瑕疵，不夸大产品的用处，实事求是地向顾客介绍自己的产品。乐于批判自己，否定自己，吸取更好的经验和知识改进自己，然后决心做出更好的。

2. 服务

服务不只是等价交换的价值，是甲方乙方之间围绕产品实现进行的一系列实施和维护的权利和义务，但更重要的，是实现产品使用价值最大化的人性化的行动。

我们给顾客提供的服务要像父母对待孩子那样，无怨无悔，无私无畏。如果你能像父母对待孩子一样为顾客付出必要的呵护和辅助，顾客一定会因此而感动。

一个营销人员的口碑就在于它的服务能力和服务质量。并不是说顾客的任何需求都要无条件地去满足，而是对待顾客要有主动服务的意识，把帮助顾客解决问题当成自己应该做的事情。要了解顾客的问题，就要与顾客经常沟通，发现顾客的问题是创造服务机会和服务价值的最有效途径。

同时，还要让顾客清楚地知道，你都是在什么时间，什么地方能够给什么样的顾客提供什么样的服务。服务是连接你和顾客的桥梁和纽带。在产品日益同质化的情况下，你的良好的服务态度，对顾客就像对家人一样的无微不至的照顾，会给你树立良好的口碑，并且你会因此能够战胜竞争对手。因为，与产品投入相比，服务的投入产出比要巨大得多，所谓“滴水之恩当涌泉相报”。在充分市场化的社会里，服务是你得到良好回报的必要投入。

把顾客当成自己的家人，虽然我们可能也有做不好的时候，但顾客并不因此责怪我们。就算是出现了问题，顾客对你也会像对家人一样，不会过多的责备你，而是大家一起去寻找解决问题的办法。因此，销售人员一定要像对待自己的家人那样与顾客建立透明的顾客关系，诚实、有效地改进我们的产品和服务。

琢磨一下“他为什么不买我的东西”

人是比较感性的动物，消费行为更是极具感性色彩的活动。对于很多消费者来说，决定是否购买，以及购买哪一家的产品，大多取决于是否能够找到一个购买的理由。而购买的理由，则会因人而异。它可能是产品低廉的价格，也可能是出于产品独特的包装设计，更可能是品牌所带给消费者的一份信任，以及许多其他你没有想到的因素。因此，对于销售人员来说，只要你能够给消费者一个足以支撑其购买的理由，你的推销就是有效的，这样的推销行为才会收到良好的效果。否则，你的推销就会脱离消费者的需求。谁也不是傻子，谁都不会去购买自己不需要的东西，更不会去买一个陌生的推销员的“账”。即便你堆着一脸的笑，看上去彬彬有礼、和蔼可亲……

一个人下决心购买某种产品只需几分钟的时间，甚至是在一念之间。

这就要看促销人员怎样帮助顾客找到一个合适的购买理由。有点生活常识的人都知道，人们生活中的许多行为都是有着因果关系的。就好比，感觉饿了，所以要吃东西；冷了，所以要添衣服等。这些行为往往是受一些潜意识的观念支配的。而在购物过程中，人们也需要在很短的时间内建立起一种购买的因果关系。因此，对于销售人员来说，就是做好引导顾客购买的前期准备，以及自己对消费者的把握，及时地为顾客提供这种因果关系。具体说来，销售人员应从以下两个方面入手：

1. 按照某种标准对消费者进行分类

虽然一种产品不可能适用于所有的人，但是总会存在相适应的消费人群。销售人员只要对顾客做好分类，弄清楚自己的产品适合哪种类型的人，然后再挖掘出自己产品的潜在消费群就可以了。其中一种分类方法，消费者主要存在以下几种类型：

（1）价格敏感型消费人群

该消费群的特征，就是对产品的价格格外敏感。能够吸引他们眼球的第一要素就是产品的价格。

（2）实用型消费者

该消费人群比较理性，往往喜欢追求高的性价比，喜欢货比三家。

（3）新奇型消费人群

该消费人群往往是时尚的追逐者，喜欢新奇的事物，敢于尝试新产品。他们往往是新产品的最初接受者。

（4）凑热闹型消费人群

该部分消费人群，往往喜欢从众，喜欢往人多的地方凑。一旦有大量顾客关注某一类商品时，他们便会对该类商品产生极大的兴趣。

（5）品牌至上消费群

该消费群体往往格外看重产品的质量和品牌之间的关系。在他们看来，品牌便意味着高质量，是身份和成功的标志。无论是专卖店还是超级大卖场，都经常会遇到一些“不买账”的消费者。面对促销员的微笑和介绍，却总是摆出一副不屑一顾的样子……每每面对这样的顾客，销售人员往往也只有叹气的份儿。在抱怨这些顾客如何难伺候时，却想不出任何可以应对的办法。其实，如果从事物的两面性来看，顾客对自己销售行为的不买账行为，往往也向我们反映出一个事实——销售人员的推介对消费者来说不具有说服力。

2. 为不同消费者提供不同的购买理由

对消费人群进行划分不是我们的目的，我们的目的是通过对消费人群的划分来找到适合各类人群的购买理由。这个理由可以是一个简单的故事，也可以是一个生动的形象。总之，目的就是要让消费人群建立一种购买的因果关系。

实际上，在碰到消费者“不买账”的这一现象时，我们不要把责备的眼光投放在消费者身上，而应该从自身因素来找原因。如今商品各种各样，如何让消费者钟情于自己的产品，那就要让自己的产品和服务更具有说服力。而真正的说服力，并不等于销售人员说了多少好话，以及运用了多少专业的知识，而是与你在多大程度上真正替消费者着想了，你对消费者了解多少，以及怎样针对消费者的个性化需求来设计有针对性的说服方法上面。

记住顾客的名字和特征

销售人员记住顾客的名字很重要，如果在你第二次光临某店的时候，销售员就能说出你的名字或者特征，你会感到备受尊重，走进店里颇有宾至如归之感。所以换位思考，如果你这样对你的顾客，顾客肯定也会对你有好感。

现在很多企业就要求销售人员在客人第二次上门的时候，不仅能够说

“请进”，还要说：“请某小姐或者某先生进”。对于常人来说，说出第二次见面的人的名字或者特征是有些困难，但是功夫只怕有心人，只要是你想去记那一定就能记得住。

被誉为钢铁大王的安德鲁·卡内基，本人并不是钢铁生产的行家，但是他有几百名比他懂行的人在为他工作。他成功的原因是什么呢？是因为他知道怎样利用顾客的名字来赢得顾客的好感。

比如，他想把钢轨出售给宾夕法尼亚铁路公司，当时，那家公司的总裁是齐·埃德加·汤姆森，卡内基就在匹兹堡造一座大型钢铁厂，并取名为“埃德加·汤姆森钢铁厂”。这样，当宾夕法尼亚铁路公司需要钢轨时，就只从卡内基的那家钢铁厂购买。

对一个人来说最美丽、最动听的字眼莫过于他的名字了。当你身处陌生的人群，身处陌生的环境，忽然有人喊你的名字，你会无比激动。假如这个喊你名字的人是曾经向你推销过某种商品的人，你同样会非常高兴，并且会对他的印象更加深刻。这种推销技巧被人们叫做记名推销法则。真心地向顾客求教，是使顾客认为在你心目中他是个重要人物的最好办法，既然你如此看得起他，他是不会不给你面子的。

在美国曾发生过这样的一个小故事：克莱斯勒公司为当时的美国总统罗斯福专门制造了一辆汽车。制造汽车的机械师亲自把汽车送到了白宫，并被介绍给了罗斯福。这位机械师很怕羞，躲在人后没有同罗斯福讲话。罗斯福只听到他的名字一次，但当他们离开的时候，罗斯福找到这位机械师，和他握手，并叫着他的名字，谢谢他到华盛顿来。机械师深受感动，数年以后还经常提起他。罗斯福总统认为，记住别人的名字是一种最简单、最明显、最重要的得到别人好感的方法。

有些销售人员会说自己很忙，见过的顾客很多，因此记不住他们的名字，其实这个理由是不成立的。拿破仑三世（即拿破仑的侄子）曾说：“虽然我国事很忙，但我能记住每一个我所见过的人的姓名。”

当然，记住顾客的名字或特征，并不是一件非常容易的事情，这不仅需要下一点工夫，还得讲究一定的方法。一般记住大量名字的方法有如下几种。

1. 正视别人

有些销售人员出于某种原因没有正视自己的顾客，其实正视顾客是增进记忆能力的一种行之有效的方法。只有正视对方，你才会发现他的一些特点。并且，当你正视对方时，对方会感到激动，因为正视对方表示对他很感兴趣，对方也将注意你。

2. 特色记忆

找出姓名的特色可从下面三点考虑：

一是这个名字是否与众不同或很有趣？

二是这个名字是否很普通？

三是名字和你所看到的面孔配不配？

最重要的是把注意力放在名字上。假如你听到一个名字能够把它以句子的形式复述出来，对记忆将大有帮助。把注意力直接放在姓名上，并且把名字和面孔进行比较，有助于把姓名和面孔联系在一起。

3. 利用特征记忆

人有多方面的特征，有外形的特征，如眼睛特别大，胡子特别多，前额很突出……也有职业上的特征、名字上的特征等。把一个人的特征与名字联系起来，记住他的名字就没有那么难了。找到一个人的特殊之处，比如“浓眉”“焦红的头发”“塌鼻子”或者有伤痕。当提到这个人的名字的时候，你就能说出他的特殊的地方，你记住人的名字或特征的能力就非同一般了。

4. 认真记忆

记住别人的名字有时相当困难。也许有时候你能在几秒钟之内记住一个人的名字，也许你非常努力地想记住对方的名字，却怎么也想不起来。尤其是在一些公众场合，主人总是匆匆忙忙地介绍每位客人，往往你还没来得及注意，就已经介绍完了，这根本就来不及分析姓名和他的特征的关系。这时候你就要全神贯注地听主人介绍，记不住的不要刻意去记。如果条件允许的话，你就要请介绍者介绍得慢一点。若是可行的话，当主人介绍完，你刻意主动走到没有记住名字的人面前对他说："刚才介绍得太快了，我实在无法记住你的名字。我叫××，你呢?"这样你就有机会记住对方的名字，并且试着找出这个人的特点。

5. 多与顾客接触

重复刺激大脑是一种记忆的好方法。你与顾客见面的次数多了，你想忘记他都难。

记住人名，是创造自己对别人影响力的一种手段。记住你的顾客的名字，将充分表现你对他的重视，人是崇尚礼尚往来的，你重视他，他也会重视你。所以，销售人员记住顾客的名字非常重要，如果凭大脑无法记住的话，你可以每认识一位新顾客就把他的名字以及和他有关的事情记录在案，当你下次与他见面之前，先看一下相关信息，这样就能记住他的名字了。

热情要有度，客气宜得法

时下市场竞争激烈，销售员对顾客都非常热情，但往往缺乏对热情尺度的把握。不热情会让顾客觉得你冷漠；太过热情，反而过犹不及，吓跑顾客。因此，为了顺利实现成交，完成销售业绩，销售员应该时刻把握好热情的度。

热情有度的“度”主要是要保持好距离的“度”和说话的“度”。

1. 距离有度

前段时间到一个地方出差，一出火车站站台，就有一帮人跟在屁股后面，不停地问：“住旅馆吗，便宜。”一直跟出一百多米，甩都甩不掉。这些人热情得达到了“人盯人”的程度，但他们越热情，你越不放心，就是想住旅馆也不敢问，生怕里面有陷阱，这就叫热情过度。还有次陪妻子逛一个鞋店，刚进店门就有一个售货员跟着，寸步不离，两只炯炯有神的大眼睛像盯贼一样盯着你的一举一动，让人有种无地自容的感觉，本来想买一双鞋，结果没一会儿就被她吓跑了，以后路过这个店再也没敢进去。

其实，很多顾客更喜欢在一种轻松的环境中自由观看、自由选购商品，销售人员热情过分，往往造成顾客精神紧张。所谓“距离产生美”，距离有度，就是销售人员把握好分寸，与顾客保持一定的距离。零售户也要注意距离有度，距离的“度”要注意两个方面：一是在向顾客介绍商品时，要保持适当的距离，我们俗话说的一步之遥，不近不远。离得太远，有排斥和抵触的心理，给人一种冷漠感；离得太近，似有侵犯安全空间之嫌，让人感到压抑和不快。二是当顾客鉴别选购商品时，不要过多去打扰，给顾客留一个相对自由的空间。

2. 说话有度

我们到商场购物在商品前驻足时，常常会遇到服务人员喋喋不休地介绍，尤其是在不想购买的商品前观赏时，碰到这种情况感觉很尴尬，只得匆匆逃走。热情介绍商品，激起顾客的购买欲望，这是好事，在日常经营中，由于店主的推荐介绍和热情服务，促成生意的为数不少，但凡事有度，如果过分热情，“死缠烂打”地推销，会让人反感。

有句话叫“此时无声胜有声”，意思是该沉默的时候就要沉默。有一次，我准备买一部手机，进第一家店，立刻围上一群营业员，七嘴八舌，唾沫星子乱飞，有点不成交不罢休的样子，心生反感，只能掉头就跑；到了第二家，营业员属于“冷淡”型的，一问三不知，自己闹个没趣，只好悻悻离开；后来进第三家商店，营业员微笑着站在柜台旁静观，让我仔细挑认真选，我询问时，营业员面带笑容，有问必答，我终于买了部称心如意的手机。三家店，款式和价格相差无几，由于服务态度不一样，结果截然不同。

一些商家有个误区，总认为顾客什么都不懂，没完没了地介绍。其实，每位顾客都有各自的购物品位，把自主权交给顾客，也许更容易引起顾客的兴趣，“介绍过度”反而会使客人产生厌烦心理。现在有种服务叫“无干扰服务”，就是指在顾客不需要介绍的时候不要喋喋不休，扰乱顾客购物的心情，需要的时候立即进行介绍、推荐。无干扰服务要求注意两点，一是掌握好“有声”和“无声”的界限，通过察言观色和简单的询问，初步了解顾客的需求，然后，让顾客独立选择，一旦发觉顾客有服务需要时，则可以提供更进一步的“有声”服务；二是在推荐商品时要客观，适当引导但不要过于渲染，更不要说得天花乱坠，给人一种不信任感。

淡定对待顾客的抱怨和牢骚

作为销售人员，遇到顾客抱怨或发牢骚是常有的事情。然而，我们也常见到因为顾客发牢骚而和顾客吵架的销售员。实际上，销售人员对待顾客的抱怨和牢骚的最好办法就是淡定。

顾客有抱怨或牢骚，表示顾客对产品或者服务不满意，对此，销售人员或者是售后服务者不要表现出反感。其实，顾客之所以会对产品抱怨或牢骚，表明顾客对企业对产品还是抱有期待，希望企业方能改善服务水平。企业方若能妥善地处理顾客抱怨，就能赢得这批顾客的忠诚度；相反，若处理不善，则不但会失去顾客的信任，而且还会损害企业的名誉及口碑。相关调查发现，如果一个顾客对某家企业有意见，他会向身边多达15人传达这家企业不好的信息。因此，面对顾客的抱怨或牢骚业务员一定要淡定，要恰到好处地消除顾客的抱怨和牢骚。

首先，要耐心聆听。不管顾客是出于何种原因而产生抱怨，我们都要耐心聆听，不要为了推脱自己的责任就随便地打断顾客的叙述。销售人员在听顾客讲述问题的时候，如果有话要说一定要用平和的语调，用询问的口气，不要坚决否定顾客的话。当顾客抱怨完毕，你再根据他的叙述寻找问题的原因所在，往往能够顺利地解决问题。同时客服人员态度诚恳会降低顾客的抵触情绪，从而双方可心平气和地一起将问题解决。

其次，说话要得体。顾客对产品或服务不满，在发泄不满的过程中可能会出现言语过激，所以销售人员千万不要感情用事，如果销售人员斤斤计较，与顾客针锋相对，那就会将问题进一步恶化。所以在与顾客沟通过程中，一定要注意用词及语气，一定要用委婉的语言与顾客沟通，即使问题出在对方身上，也不能过于冲动，否则顾客就会失望并且失去他对企业的信任。无论如何，都要把抱怨看成有价值的信息，感谢顾客提出的问题与意见。

再次，对顾客所抱怨的问题要及时处理。处理顾客的抱怨和牢骚一定要及时，得知顾客的抱怨或牢骚以后，就要立即找顾客了解情况，然后给顾客解决的承诺，和顾客协商最合适的解决办法。这样可以传达企业解决问题的诚意，让顾客感受到自己是受尊重的，从而化解顾客的不满，防止顾客用负面情绪影响其他消费者，尽量满足顾客的要求。

如果确实是企业的原因导致顾客的利益受损，则先由售后服务工作人员与顾客沟通，若沟通不了，就让上一级的管理者亲自致电顾客，“领导”出面会让顾客觉得自己受尊重并会在一定程度上化解顾客的怨气与不满，也比较容易让顾客配合处理问题。

最后，如果是企业的原因导致顾客利益受损就要给予适当的补偿。如果是单纯地解决顾客的问题很多时候并不能平息顾客心里的不满，给予一定的补偿，让顾客得到额外的收获，不仅能够化解顾客的不满，还能让他感受到企业的诚意，继续保持其对企业的忠诚度。

以上是关于怎样处理顾客的抱怨和牢骚的几点意见，处理顾客的抱怨和牢骚的方法不止这些，大家要在实践当中不断地总结，灵活运用，只要是能圆满解决问题的方法就是好方法。

“我很棒！顾客会喜欢我”

很多刚进入销售行业的新人面对顾客总是缺乏自信，不敢正视顾客、紧张、害怕、不知道怎么和顾客沟通、总怕跟顾客说错话引起顾客的反感。尤其是一些新人在遭到顾客拒绝后，更是不敢轻易的和顾客接近，甚至是怀疑自己的能力有问题，认为自己不能讨顾客的欢心。这类销售员缺少一种激励自己奋发进取的精神，只有那种具有自信，认为“我很棒，顾客会喜欢我”的销售员，才能够战胜自己、告别自卑、影响顾客、摆脱工作压力。

销售人员如何树立“我很棒！顾客会喜欢我！”的自信呢？

1. 正确认识自己的职业

有的销售人员认为销售是一种卑微的职业，因此，在顾客面前表现的没有自信。其实销售是一种高尚、有意义的职业。销售是一种为消费者谋福利、提供方便的光荣职业，销售是促使国民经济发展的一个重要部门、环节或职业。正是广大销售员的辛苦工作，消费者才可以享受到便利的服务，称心的产品，也正是销售员的努力工作，人们才有更多的时间去感受生活、享受生活。销售人员只有正确认识销售这个职业，明确这个职业的崇高性，才能对这一职业充满信心。

2. 保持积极乐观的心态，养成良好的习惯

乐观的人才有自信，悲观失望的人，信心容易受挫，只有乐观才能让你看到成功的希望，为你鼓起继续拼搏的勇气和信心。

销售员和服务人员要让自信变成一种习惯，不要让自信仅停留在精神层面上，要在自己的气质形象、言谈举止上体现出来。让顾客从与你的沟通与交流当中，感受到你是一个非常自信的人。

3. 正确认识自己的产品

再好的产品也有消费者抱怨产品质量不好，所以销售人员不要把自己销售不出产品的根本原因归结于产品的质量不好。在产品高度同质化的今天，同类产品在功能方面有什么大的区别？只要公司产品符合国标、行业标准或者企业标准，就是合格产品，也是公司最好的产品。如果你不能把产品推销出去，只能说明你的推销技术还有待提高。所以，销售员在销售过程中，不要对你销售的产品产生什么怀疑，只有你相信自己的产品是优秀产品之一，顾客才会相信你的产品。

4. 充分准备是成功的前提

作为一名销售人员，绝不能盲目地向顾客推销你的产品。在向顾客推销产品之前，你一定要充分了解顾客的需求，了解顾客最关注的问题，了解顾客的类型，了解你的竞争对手的产品，做好这些准备，你再向顾客开口不迟。

5. 真正的自信源自于销售实践

只要是销售人员能够不断地拿下订单，不断地积累成功的经验，你的仔细就会由衷产生。

成功源于丰富的专业知识、熟练的销售技巧及不断的学习提高，要与时俱进。实践证明，有能力的人才有自信。业绩是销售员自信的资本。自信的销售员最大的特点就是做事有自己的主见，敢于坚持原则并做自己认为对的事情，绝不轻言放弃，坚持不懈，永远相信“我很棒，顾客会喜欢我”，直到成交的那一刻。

端庄大方，自信乐观

有些销售人员常常会因为一时的失意抱怨不休：销售指标太高了，照这样的成交速度根本就完成不了；竞争对手的产品太完美了，完美得根本没有一点机会；这个产品价格太高了，哪里有人会买啊；快到月底了本月的销售额还没有完成一半，这个月的奖金肯定拿不到了，算了再努力也是没有用了！这种消极的心态导致了有些销售员始终难以突破自我、走向成功。

实践证明：一名成功的销售人员必须端庄大方，自信乐观。乐观对于销售员来说就是无论在什么情况下，即使销售压力非常大，销售额很难完成的情况下，也要保持良好的心态和工作热情，相信只要努力总会有收成，相信成功就在下一次的交易中，相信失败就是成功之母，在经历无数次的失败之后仍相信再坚持一下订单就会属于自己。

自信乐观对于完成工作任务非常重要，所谓情绪会传染，当你带着坏情绪和你的顾客打交道的时候，你的坏情绪就会传染给他，这样怎么会合作愉快呢？销售本身就是一种信心的传递和信念的转移，而快乐具备一种强大的传播力、吸引力和影响力。只有心胸开放，活得开心快乐，随时带着微笑，无论走到哪里都是“阳光使者”的销售人员，才更容易成功。乐观的销售会在使顾客购买产品或服务，享受产品本身带来利益的同时获得一种快乐的消费体验，使得顾客更容易跟你交往和敞开心扉。

如何才能让自己表现的端庄大方，自信乐观呢？

首先，要用辩证的观点看待事物。任何事物都有正反两面，在看到困难的时候，也不要忘了分析自己的机会，任何事物的发展都是波浪式的前进、螺旋式上升。销售人员的成长之路一样是在面对激烈竞争、解决市场问题之中，一点点积累经验，一次次的与顾客谈判失败之后仍然不气馁，不断找到新的销售方法，这样的销售人员才是笑到最后的强者。正所谓不经历风雨怎能见彩虹，没有人能够随随便便成功！

其次，失败之后要善于总结规律。塞翁失马，焉知非福。对于销售员来说本月没有完成销售任务，没有拿到奖金，这并不一定是一件坏事，如果你能够从中总结到一些经验，找到自身的差距，转变工作的态度、学习业务技能、改进工作方法，说不定下个月的业绩会突飞猛进，坏事就又变成了好事。

当然了，销售员不能盲目的乐观，乐观必须建立在对销售流程和成交规律的正确认识上。乐观要有度，过于乐观会使人犯类似于“大跃进”的错误，对自己期望过高，从而备受挫折。失败之后要善于总结教训，掌握成交的方法，如果失败之后仍然无动于衷，那只能是从失败走向失败。

最后，培养科学人生观、改善性格，掌握正确的思考方法。知足者常乐，不要对自己期望过高，凡事量力而为，更不要患得患失，要改变自己悲观被动的性格。不要让自己沉浸在失败的痛苦之中，要让快乐时刻伴随着自己，让自己变得更加积极热情、更有吸引力、更容易被人信任，自然也就拥有更多的机会去成功。

销售员在与顾客打交道的时候，无论你这个月的任务完成的如何，都要打起精神让自己表现得很快乐、很真诚，脸上洋溢微笑，这样顾客就会很容易被你感染，成交就会变得很容易。其实当我们自己决定快乐工作和生活的时候，自己就可以真的快乐起来。这种快乐又会把成功吸引过来。

第七章

打造自身的竞争优势

有了金刚钻，才能揽到瓷器活。打铁先得本身硬。只有当你的产品及紧紧围绕产品的服务等具备市场竞争优势之后，通过好的方法和技巧，经过精心运作，才有可能取得成功。产品和服务本身无优势可言，再吆喝也没用！

提升竞争力从提升自身素质开始

市场经济在科学技术的推动下迅猛发展，人们的生活水平也随之提高，企业间的竞争也越来越激烈，企业要想在竞争中取胜就要从提升自己的素质开始，而企业要想提高自身的素质就必须提高产品质量。

企业良好的品牌依赖于产品的高质量。在现代社会中，企业的竞争归根结底是产品的竞争，而产品的竞争最终体现在质量上。中外很多著名的企业之所以具有强大的竞争力，很重要的一点就在于它们始终围绕产品质量既是挑战又是机遇这一主题，改善经营管理，发展新技术，从而生产出质量更高的产品。

产品质量好营销人员做起市场来信心也足，交易也容易成功。如果产品质量不过关，即使再懂得销售，也只能是一锤子买卖，刚刚开拓的阵地，很快就会因为产品的质量不过关而遭到顾客的唾弃。

如今很多企业已经注意到了产品质量的问题，但是，产品质量是由人控制的，即使企业对质量的要求比较严厉，也难免犯这样或那样的错误。所以，企业要想提升自身的综合素质，除了要提高产品质量之外，还要注意练好其他方面的内功。

1. 获得独特的资源

资源在企业间的竞争当中起着非常重要的作用，很多企业的发展都受到资源的限制，自有资源不足，市场竞争能力自然不强，企业可持续发展的基础就会不牢固。因此，各个企业要提升抵御市场风险的能力，必须整合资源，有效运用资源。企业所需的资源除了自然之源外，还有很多体制上的独特资源，如寻求政府的保护，从政府手中拿到特许权等。在利用资金方面，很多企业，不唯条件，敢为人先，积极拓宽融资渠道，采取银行贷款、职工入股、吸引社会资本等多种形式，推进了企业的发展。

2. 建设独具特色的企业文化

美国著名学者约翰·科特和詹姆斯·赫斯克特认为，企业文化是指一个企业中各个部门，至少是企业高层管理者们所共同拥有的那些企业价值观念和经营实践。企业文化还是指企业中一个分部的各个职能部门或地处不同地理环境的部门所拥有的那种共同的文化现象。企业文化是一种新的现代企业管理理论，企业要真正步入市场，走出一条发展较快、效益较好、整体素质不断提高、经济协调发展的路子，就必须普及和深化企业文化建设。

企业文化是企业经营理念及其具体体现的集合。良好的企业文化是企业整合更大范围资源、迅速提高市场份额的利器。因此，煤炭运销企业要充分认识到企业文化建设的重大意义，树立文化管理的观念和思想，建立以文化管理为核心的现代管理模式，做好理念的宣传与灌输，稳步推进企业文化建设。

3. 提高企业管理人员的能力

在竞争激烈的现代市场上，企业竞争力的提高更多地依赖于组合生产要素所形成的独特能力，它包括降低成本、组织创新、产品创新等。然而即使是同样的生产要素，同样的人才，在不同的企业由于使用方法不同，所生产的产品、产品的成本也有天壤之别。所有这一切都要依靠企业的管理者的能力。企业各级领导者的组合生产要素的能力，创新能力，创造企业独特能力的能力，是企业竞争力最重要的源泉。

所谓靠人不如靠自己，企业也是这样。企业要想提高自己的竞争力，就要提升以上自身素质，只有这样才能在竞争当中取胜。

创造服务的策略，改善服务的质量

在现代社会当中，企业仅仅依靠科技的发展、社会的进步和消费者主体意识的觉醒而生存已经是不可能的事情了。企业服务质量的改善和服务内容的更新在很大程度上也决定着企业的存亡。服务是营销竞争的最高层次，服务质量的改善与服务内容的更新不仅能够为顾客带来更多的利益和满足，还能够带来双赢。那么，在现代社会中企业的服务应该如何实施？营销专家们认为应该从售前、售中和售后这几个方面来创造服务的策略，改善服务的质量。

1. 售前

现在大家越来越认同顾客满意这个服务策划，然而这里的顾客我们不能单纯地认为是购买东西的人，它确切地来说应该是来客，也就是说来者都是顾客。例如，在实体店中，只看不买的顾客也应同样得到热情的服务，但是有很多营销人员还没有做到这一点。他们对购物者笑脸相迎，见到只看不买的顾客，脸色马上就变了。只有那些以“只要看一看，不买也感谢”为服务理念的商家才能做好顾客服务。

在进行售前导购中，服务人员应实事求是地向顾客介绍商品，并提出中肯的购买建议。顾客只有买到了所需的、功能得到最大限度发挥的商品，才会对该商品、该厂家产生好感，同时有利于企业树立起良好的社会形象。否则，顾客就会有上当的感觉，再也不会有再次购买的冲动了。

2. 售中

当顾客已经决定了购买你的产品的时候，要将商品的用法、保养知识详细告知，以避免用户因常识错误使商品受损而无法得到生产商的赔偿。对一些使用操作比较复杂的商品，销售人员要当场演示商品的使用方法并确定顾客已经掌握了。

同时，售中服务也要以方便顾客为主，尤其对一些大件及技术性较强的物品，如电视、汽车等，商家应提供一条龙服务。比如说买一台电视，可向购买者详细介绍该电视机的特点、使用及维修基本常识。有条件的还应提供上门安装服务，这样既可调动顾客购买产品的积极性，也方便了用户。

3. 售后

售后服务是服务创新的重头戏。现在，很多企业都已注重售后服务，如规定质量保修期，设立服务热线电话，实现预约上门服务、维修等。

在维修服务中也可进行创新，那就是在维修过程中注意维修的环境。比如说，上门维修时，可以先呈上致歉信，这样起码用户的气会消一半。另外，在用户家里进行维修时，应尽量减少对用户家里环境的污染和对邻居的影响。

如今，企业可以通过电脑、电话或信函发出问卷调查或者定期向社会提供调查、咨询服务，从而增加用户对企业的好感，同时也维系住一批忠诚顾客。

当然，任何事情都不可能是万无一失的，服务创新如果考虑不周，有可能使服务收效甚微，因此，在服务创新中应注意以下问题：

第一，在花费巨资改进服务时，一定要让消费者感觉到服务已经改进。比如，企业花巨资购买了售后维修机器，提高了产品的维修技术，而顾客并不知道，还在因为维修问题而迟迟不能下决心购买。

第二，所进行的服务创新是否比较容易被竞争对手模仿。这就要求提高服务的科技含量，将服务与品牌联系在一起是最好的办法。

总之，产品服务是比较灵活的因素，它不受企业规模、技术水平、生产条件、行业类别的严格限制，所有的产品、所有的企业都可以参与服务竞争，都可以进行服务的较量。企业已不仅将服务看做是产品质量的延伸以及用于满足顾客需求的附加手段，而是将其作为绝对的竞争手段。可见，服务创新对企业的长远发展有很大影响，是企业在竞争中很重要的筹码，我们必须重视营销中的服务创新。

永恒的箴规：及时、真诚、守信

在产品日益同质化的今天，企业在竞争中仅靠产品取胜的概率越来越小，反而是企业的处世态度决定了企业的胜负。许多营销实践的经验表明，对待顾客及时、真诚、守信，是赢得顾客的最佳方法之一。

1. 对待顾客要及时

没有什么产品能够保证百分之百不出问题，一旦顾客遇到了产品故障问题，企业一定要及时帮顾客解决。如果是企业自己发现了产品的质量问题，一定要及时主动地通知顾客。当顾客有问题咨询时，一定要及时回复，你尊重了顾客，顾客才会尊重你。及时处理问题，顾客会觉得企业非常负责任，值得信赖。

2. 对待顾客要真诚

只有待人真诚，别人才会真心对你，营销人员只有真诚对待顾客，才有可能赢得顾客的心。

被誉为经营之神的松下幸之助曾说："在这个世界上，我们靠什么去拨动他人心弦？有人以思维敏捷、逻辑周密的雄辩使人折服；有人以声容并茂、慷慨激昂的陈辞去动人心扉……但是，这些都是形式问题。我认为在任何时间，任何地点，去说服任何人，始终起作用的因素只有一个，那就是真诚。"松下先生对顾客非常真诚，在他少年时代第一次推销的时候就以自己的真诚打动了顾客。

少年松下在富商的自行车店里做学徒的时候认真学习推销。有一天，他终于有机会向顾客推销了，但是，由于是第一次推销，他说话结结巴巴语无伦次，有些激动。听了他的推销，顾客要求享受九折优惠，松下立刻答应了。但是老板把他叫过去说只能打5%的折扣，让他去找顾客谈。松下觉得已经答应了顾客的事情不好反悔，再说了以前都是以九折优惠客人的，所以松下没有去找客人请求减少优惠，而是请求老板给顾客以九折优惠。顾客得知此事，被松下的真诚打动了，他说："只要是这个孩子还在这里，我有需求就不会去别家。"

只有真诚，才能取信于人，真诚是人与人交往的桥梁，这也是营销人员接近顾客的第一步。你的真诚可以留住顾客。

3. 对待顾客要守信

所谓轻诺必寡信，所以销售人员不要轻易给顾客许诺，一旦许诺就一定要做到，否则就很可能失去这个顾客。如果真是外部因素的影响无法实现诺言，那就要真诚地向顾客道歉，说明原因取得顾客的谅解。

大家都知道商鞅"立木为信"的故事。商鞅变法时，由于战争频繁、人心惶惶，为了树立威信，推进改革，商鞅下令在都城南门外立一根三丈长的木头，并当众许下诺言：谁能把这根木头搬到北门，赏金十两。围观的人不相信如此轻而易举的事能得到如此高的赏赐，结果没人肯出手一试。于是，商鞅将赏金提高到50金。重赏之下必有勇夫，终于有人站起将木头扛到了北门。商鞅立即赏了他50金。商鞅守信的这一举动被老百姓认可后，变法就很快在秦国推广开了。新法使秦国渐渐强盛，最终统一了中国。

而在商鞅"立木为信"的地方，也曾发生了"烽火戏诸侯"的闹剧。

周幽王为博取宠妃褒姒一笑，下令在都城附近20多座烽火台上点起烽火。烽火是边关报警的信号，只有在外敌入侵需召诸侯来救援的时候才能点燃。结果诸侯们见到烽火，率领兵将们匆匆赶到，弄明白这是君王为博妻一笑的花招后又愤然离去。褒姒看到平日威仪赫赫的诸侯们手足无措的样子，终于开心一笑。五年后，酉夷太戎大举攻周，幽王烽火再燃而诸侯未到——谁也不愿再上第二次当了。结果幽王被逼自刎而褒姒也被俘虏。

在同一个地方，一个守信，一个玩“狼来了”的游戏。结果是前者成功，后者失败。销售员对待顾客也是这样，守信者成功，失信者失败。营销人员给顾客的每一个承诺，都在向顾客证明自己的威信，每一次实现承诺，都会增加顾客对你的一分信任。因此，不是万不得已千万不要失信于顾客。

为顾客提供最大化的实实在在的利益

企业要想拥有大量的忠实顾客，就要不断地倾听外部顾客和内部团队的声音，与团队成员一起思考和讨论，并要遵循“以市场为导向，以顾客为导向”的方针，为顾客提供最大化的实实在在的利益。企业为顾客提供最大化利益的方法：

- 满足顾客的使用价值需求，并为顾客提供最大的让利价值。
- 提供更多的选择。
- 把顾客的需要当成自己努力的方向。

为顾客提供最大化的实实在在的利益，就要从顾客的整体利益出发，充分合理地满足他们对产品或服务的使用价值需求、情感心理需求和潜在或隐秘的需求，同时要努力降低顾客需求中的成本耗费，以便为顾客提供最大的让利价值，使产品符合并超越顾客期望。

另外，在保证质量的同时，还要提供更多的选择以满足顾客不同时期对产品的需求。这就要求企业要建立核心能力，以优质标准化产品和顾客化解决方案结合多功能服务的组合差异化于竞争对手，在实现顾客、员工、投资方及社会共赢的基础上，使顾客的利益最大化。

不仅如此，企业还应该把顾客的需要当成自己努力的方向，进一步帮助顾客获取更多的利益，这就需要做到以下几点。

1. 增强责任意识

企业要增强自己的责任意识，加强与零售顾客的沟通，通过多种渠道了解顾客的经营现状，了解顾客的需求，主动联系顾客，针对顾客所遇到的问题给出切实可行的建议。竭力做好企业品牌的宣传工作，及时化解因供求不平衡引发的矛盾，全心全意地为顾客的发展着想。

2. 加强情感沟通

顾客在经营当中会遇到这样那样的困难，虽然有些困难和企业的产品并没有什么关系，但是，为了取得和顾客的双赢，企业应该努力迎合顾客的服务需求，把顾客的事当做自己的事，把顾客遇到的困难当成自己的困难，急顾客之所急，想顾客之所想，在遵守一定的原则的基础上，为零售顾客做好事、办实事，使顾客感受到企业与他们是真正连心、连利的共同体。

3. 加强对市场的细化分析

站在顾客的角度，进一步分析市场，掌握市场的销售情况，帮助顾客进行经营定位。根据顾客所在区域和经营特征的不同，帮顾客出谋划策，制定营销策略，并根据可供货源和节假日市场的消费特点，调整品牌库存和优化库存结构，提高资金的利用率。有必要的时候要到销售现场给顾客以具体的销售指导，让顾客做好品牌的替换和最终消费的引导，提高顾客经营上的应变能力。

4. 提升顾客的赢利水平

企业应该把零售顾客的利益放在第一位，帮助顾客获取更多的赢利。这就要努力做好产品投放量与市场经营秩序和零售价格稳定三者关系的宣传，建立与顾客间的互信，让顾客在经营上自律，不要因为某些产品的库存暂时较多而放弃该产品，遏制相互之间可能出现的压价而导致的不正当竞争，竭力为顾客谋求市场价格的稳定，与顾客共同打造公平有序的市场环境，提升顾客赢利水平，维护零售顾客利益。

企业只要做到以上几点，才具备为顾客提供最大化的实实在在的利益，如果不落实到行动当中，为顾客提供最大化的利益就会沦为泡沫式的口号。

改进思路、方法、程式和技术

企业的营销理念是企业的生存之本，它主宰企业的兴衰。关注消费者的需要，关注营销管理，关注与其他企业的协调发展，已成为企业在新的时期求生存、谋发展以及迎接新挑战的战略需要。

在经济快速发展的今天，企业间的竞争日趋白热化，改革与创新不断深入。但是，无论经济市场的变迁对企业有如何影响，其中唯一不变的因素就是营销管理手段的运用。但是，市场在变，企业的营销理念就不能不变，所以企业的营销管理也应该改进思路、方法、程式和技术。

在营销实践当中，企业应该从营销方法创新、产品和价格策略以及市场分销策略等方面进行思路、方法、程式和技术的改进。

1. 改进营销方法

企业要创造性地应用国际先进的营销方法，大胆提出和实施新的营销方法，进行营销方法的创新。这就要适时灵活地调整营销活动，适应并满足个性化需求，改变以往高度统一、程度标准化的集中管理，实行面向实际、灵活性的分散管理；改变以往一条生产线只能生产一种标准化产品的生产方式，建立一种由计算机设计、控制、管理诸子系统构成的，在一条生产线上可生产不同的各种产品；改变以往单纯依赖中间商中介的流通模式，建立以信息网络为中介的、生产者与消费者密切联系的“外订内制”

的产销程式。

另外，营销创新还可以利用互联网扩大营销范围。企业可通过国际互联网建立网站，传递商品信息，吸引网上消费者注意并在网上购买。

还有一种办法是采取零库存营销，即先接订单后生产、库存为零。采用这一方法的关键是要争取到足够的订单，因而加强产前订货工作就显得尤为重要。网上营销将逐步发展成为一种重要的方法。

2. 产品和价格策略改进

企业在以往的生产经营策略当中，都以扩大企业产品的市场占有率来实现降低产品价格、降低生产成本和实现规模经济为目的。但这种经营方式使产品的同质化严重，大量可替代产品增加而出现的替代效应的产生，大量竞争者涌入市场逐步降低产品价格，企业的生产经营面临赢利空间逐步降低的危险。

因此，企业的生产营销人员应将大量生产同种产品并保持价格水平同市场价格相关联变动的生产经营决策行为，逐步调整为生产有差别的产品并形成一定的产品的不可替代性，并根据不同的消费市场进行价格策略的制定。打破因产品差异程度较小必须接受的既定价格程式，采用灵活的价格策略。同时，应当将市场产品策略和价格策略进行有机结合。

3. 改进市场分销策略

市场分销策略主要针对市场营销过程当中的分销渠道，市场营销渠道包括产品的生产商、中间商和产品的最终消费者。产品分销策略的创新应当集中于产品的中间商这一环节进行。在以往的市场分销过程当中，往往采用各种中间商和代理商作为产品销售的代理者，并将商品的所有权直接转移给分销商和代理商这一市场营销模式，直接造成企业的产品价格因交易成本的存在而走高，从而削弱企业在市场上的竞争力。

企业改进市场分销策略，应该开展电子商务。在企业的生产经营过程当中，将产品信息向顾客进行沟通，进行电子商务模式的市场销售。这需要企业建立比较完备且具有一定防范风险能力的电子营销团队，将企业的相关信息进行及时而准确的公布，并适时的通过电子手段进行对产品的推销。电子营销过程同时能够解决市场营销过程中，分销层级过多和推销手段单一的问题。

同时，在市场推销过程当中应该侧重绿色营销、生态产品营销等营销模式的应用，将自己的产品在已有的绿色生产和清洁运输的基础之上采用直接推销的手段进行绿色产品的直接销售，满足社会公众当中逐步增强的环保要求。

最后，企业应当逐步建立更加完整的市场营销系统，将企业的市场销售决策进行有力的贯彻。市场营销系统应当包括市场价格走势分析系统、产品开发研究系统、电子商务开发和运营系统，以及社会公众心理研究系统等子系统建成这样的整体营销系统，可使市场营销过程中面临的各种新环境、新问题在有序分工的基础上得以解决。

树立与顾客长期合作的信心

社会主义市场经济发展的大潮一浪高过一浪，这种全新的经济形势，不但给企业带来许多新的机遇，而且随着市场的不断变化，商业、产品品牌的迅速发展，消费者的价格与价值意识不断增强，大众化营销和广告推销的作用每况愈下，产品品牌的忠诚度不断下降。因此，很多企业对与顾客长期合作失去了信心，他们一致认为顾客是善变的，是哪里有好处就会往哪里跑的。其实不然，营销专家认为，企业只要做好了以下几点，还是能够获得长期合作的顾客的。

1. 树立营销观念

现代营销观念认为，实现企业目标的关键在于确定目标市场的需要和欲望，并且比竞争者更有效、更有利地传送它们所期望满足的东西。

首先，要正确认识目标市场。多年的营销实践告诉我们，我们任何一个企业不可能在每个市场经营，并都满足各种需要，甚至不可能在一个大的市场内做好全部工作，即便是强大的IBM也不可能最好地解决每个计算机用户的需要。

其次，要正确对待顾客的需要，树立顾客导向思想，从顾客观点出发来确定顾客的需要，要做得比竞争者更为出色。

最后，进行整合营销。企业内部与用户群有时会出现不协调，利益有时会出现一定的矛盾。针对这样的情况，我们应该从两方面入手进行营销整合：一方面是营销职能部门之间的协调，使营销职能工作尽可能地满足顾客的需要；另一方面是营销部门与其他部门的协调，搞好“内部营销”。

2. 进行市场细分化，分析和寻找营销机会

很多企业不能从营销的角度来进行市场细分，不能对市场机会进行长远的分析，是造成无序竞争的一个主要原因。有些企业产品总产量位居前茅，但是产品的集中度和生产效率普遍低下，成本高，质量档次差。以年产50万吨钢以上的钢铁企业为例，几乎每个企业都有几个或数十个类别的产品，品种样样齐全，却样样都做不强、做不大。企业见到赚钱的产品就一拥而上，重复生产的现象严重，无序竞争使得产品供过于求，不得不以价格低廉来做促销。

首先，我们从现代营销理论分析，多品种生产不利于对产品生产线的管理，给生产和质量控制带来一定的难度，影响生产效率；其次，品种样样齐全则样样难以形成销售优势，分散营销精力，难以确定明确的市场定位和主要顾客群体，给顾客服务带来难度，不能让顾客满意。因此，我们必须充分利用先进设备的优势，着眼于长远，开发和培养新产品市场作为战略储备。同时，立足于现有的目标市场，依靠现有的销售渠道，并与顾客建立更加稳定的合作关系，从而形成市场优势，以确保企业能够在市场竞争日趋激烈的环境中取胜。

3. 开展全面质量营销

现在，所有的企业都接受了全面质量管理，将改进产品和服务视为企业的头等大事，全面质量营销也因此应运而生。在提供优质产品的同时，还要提供全程、优质的服务，这是全面质量营销的核心内容。因此，企业的营销部门领导必须担负起两项责任：①参与制定旨在使企业以全面质量管理来获胜的战略和政策；②在生产质量之外更要传播营销质量，即在营销调研、人员培训、广告促销、顾客服务等方面都实行高水平的、严格的标准，实行标准化管理。总之，在实行全面质量营销方面，企业要始终如一地坚持这样一个准则：给顾客最满意的解决方案。

4. 注重合作关系营销，降低顾客流失率

过去，我们总认为顾客不成问题，他们没有很多的供应商可供选择，或者其他供应商在服务方面马马虎虎，没有规模，或者是市场迅速扩张，以致不必担心顾客会有太多的不满意，或者即使有一点不满意，顾客也不会轻易流失。很明显，这些情况都已发生了改变，许多外国的、中国的企业都在密切关注着顾客流失率，开始努力加强与最终顾客之间的联系，提高顾客的忠诚度。现代营销理论认为要使顾客在双方都有较满意的赢利基础上，能长期愉悦地与我们保持良好的合作关系，从而降低顾客流失率，有两条途径可供选择：

一种途径是设置较高的转换壁垒。事实证明，这样做的后果将使企业面临因提供更高的让渡价值而丧失更多的利益，顾客对让渡价值的阀闸也会不断提升，企业对市场的控制权将转向销售商。

另一种途径就是提高顾客满意度，培养顾客忠实度，即开展合作关系营销。今天的顾客规模正在不断地庞大，这是一个不争的事实。他们偏好的供应商是能为更多地区提供产品和服务；能迅速地解决出现的问题；与顾客更接近。另外，一个关系建立和执行后，我们就像管理产品生产线一样，把顾客当做企业管理工作的一个重要环节，使合作关系营销能持续长久地发挥作用，能够吸引更多具有长远眼光的大顾客与我们合作，形成相互忠实、相互依存的长期关系，使双方获得更多、更长远的赢利机会，实现营销的目标。

5. 管理好营销渠道

分销系统作为企业的重要外部资源之一，它的建立通常需要若干年，而且是不能够轻易可以改变的，因此，它的重要性不亚于其他关键性的内部资源。这个分销系统就构成了营销渠道。营销渠道作为企业的一项关键资源，企业应当比管理其他部门更严格、更理性、更科学，以防渠道成员因管理不善而造成矛盾、冲突和流失。

总之，在新的经济形势下，市场营销的趋势日益注重质量、价值和顾客满意，日益注重建立关系和保持顾客，日益注重管理业务过程和业务职能的一体化，日益注重营销计划，日益注重服务营销，日益注重营销行为、职业道德等。企业只要是在这些方面做得比较出色，就一定能够和顾客建立起长期的合作关系。

与顾客长期合作需要具备的条件包括：

- 树立营销观念。
- 进行市场细分化，分析和寻找营销机会。
- 开展全面质量营销。
- 注重合作关系营销，降低顾客流失率。
- 管理好营销渠道。

既要注重效益，也要注重效率

在现代企业管理中，衡量工作质量的两大标准就是效率和效益，两者相辅相成，不可或缺。对工作速度的衡量用效率，它强调的是过程，而效益强调的则是结果。在日常工作当中片面地、单纯地追求效率或效益，都会使工作陷入被动的局面。

在工作当中，我们要始终坚持效益为本，效率为先。在实践当中注意协调好两者的关系，尽量做到统筹兼顾，注重落实，并将之作为一项长期的思想来指导我们的实际工作。企业要向全体工作人员强调追求效益，突出效率，为持续推进企业的发展贡献力量。

而如今还有很多企业没有认清效益和效率的关系，在处理两者关系的时候走极端，很多企业只注重效益而忽视了效率。他们的管理理念是“不管是白猫，还是黑猫，抓到老鼠就是好猫”，始终把赢利放在第一位，认为没有赢利的就是差的企业，就是差的销售人员。这种单纯追求效益的做法，也许在短期内能够获利，然而从长远来看，不管效率只顾效益的做法会使企业发展缓慢。那么，在实践当中，企业如何才能做到效益和效率的坚固呢？专家建议在日常的生产和管理当中，企业要做到以下几个方面。

1. 抓住重点，追求实效

各企业在生产实践当中要紧紧围绕企业的年度经营目标，结合自己的实际，围绕阶段性工作计划，解决主要矛盾，狠抓重点工作。企业各职能管理中心要加强对企业各项制度的学习和贯彻，在实际开展工作中要注重对好的经验、做法的收集、整理和归纳，要及时完善和补充相关流程制度，从提升管理效能的高度出发，积极应对和妥善处理制度实施中出现的各种问题；各项目部门要在每年的年初做好《年度工作目标任务》计划，在各季度做好《目标计划任务书》，统筹安排，合理规划，以各阶段重点工作为中心，合理安排日常工作，始终把抓住重点、追求实效作为工作的目的。

2. 提升速度，保证质量

企业各部门工作的完成情况，直接影响到企业的资金周转和经营目标的实现。企业的各部门在制订和落实重点计划时，也要科学统筹速度和效益的关系。譬如既不能为了单纯追求产品质量，而忽视产品生产的效率，导致生产节点滞后，影响日后的产品交付和回款工作，更不能为了单纯追求生产效率，置产品质量于不顾，损害顾客的利益，破坏企业的品牌形象。要在保证产品质量的前提下，通过加强各部门的整体协作，科学安排生产进度，提高工作效率。

3. 降低成本，减少浪费

降低成本是提高效益的方法之一，企业要降低成本，就必须狠抓管理，减少浪费。各企业要将实行成本目标管理与经济责任制相结合，强化成本核算，在产、供、销、财务等各个环节都要加强管理，把生产成本中的原材料、辅助材料、燃料、动力、工资、制造费、行政费等项中每一项费用细化到单位产品成本中，使成本核算进车间，进班组，到人头。变成本的静态控制为动态控制，形成全员、全过程、全方位的成本控制格局，使降低成本落实到每个职工的具体行动中。

4. 加强企业文化建设，凝聚员工向心力

现代企业竞争靠的是人才，也是技术，更重要的是一种企业文化。企业文化就像一根纽带，把企业和企业员工的追求紧紧联系在一起，使每个员工产生归属感和荣誉感。企业文化的这种凝聚功能可以在企业内部形成一种合力，从而提升企业的竞争力。如果企业能够把注重效益、兼顾效率形成一种企业文化，那么在日常工作当中，员工会自然而然地既讲究效益，也注重效率。

总之，企业要想长久地发展就要兼顾效益和效率，任何将二者割裂的行为都会阻碍企业的发展。

关注产品市场，修正产品卖点

企业进行技术创新后并不能高枕无忧，因为在激烈的市场竞争中存在着很多的抄袭模仿行为。新技术只能带来短暂的领先优势，其后就马上堕入同质化的海洋。企业要想长期获利，就要时刻关注产品市场，不断修正产品卖点，随时抛开模仿者。

修正产品卖点的实质就是使产品区别于其他企业的产品，也就是我们通常所说的差异化营销。企业怎样创造出与竞争对手不同的差异化特色呢？总结起来，实施差异化营销可以从以下途径入手：

1. 在原料方面差异化

产品原材料具有独特性可以让产品和其他同类产品产生差异化。但是，这种原材料最好是让其他企业不能够轻易得到或者是根本得不到，才能让产品因原材料的不同而保持差异化。例如，世界上最昂贵的矿泉水依云矿泉水，之所以比一般矿泉水的价格高出几倍，是因为它的原材料独特。据说每滴依云矿泉水都来自阿尔卑斯山头的千年积雪，然后经过15年缓慢渗透，由天然过滤和冰川砂层的矿化而成。

2. 在设计方面差异化

产品在设计方面可以不断创新，以便迎合品位不断提高的现代人。产品设计要讲究创意，把新奇、有趣、时尚、前卫作为一贯的风格，时刻引领时代潮流。并且要不断推出新款，并为每一款产品赋予别出心裁的名字，在下一批产品出来之前，前一批产品就要停产。这样不等模仿者到来，新的设计方案就已经出炉了，竞争者就会永远被抛在身后。

3. 在功能方面差异化

顾客选购商品是希望其具有所期望的某种功效，如飘柔的承诺是“柔顺”，潘婷是“健康亮泽”，海飞丝是“去头屑”，舒肤佳强调“有效去除细菌”，沃尔沃汽车定位于“安全”等均是基于这一策略。只要在顾客需求的某方面占据顾客心智中的第一位置，就有机会在竞争中胜出。

4. 在渠道方面差异化

随着市场竞争的不断加剧，企业越来越重视优化销售渠道，尽量减少传统分销花费的成本和时间，提高库存周转与市场反应速度。但是，无论如何优化销售渠道，还是没有跳出大众销售的方式。在营销渠道差异化方面，戴尔电脑的网络直销做得比较出色。它不但消除了中间商，还能够最清晰地了解顾客需求，并以富有竞争性的价位，定制、提供具有丰富选择性的电脑相关产品。想订购的顾客直接在网上查询信息，5 分钟之后收到订单确认，不超过 36 小时，电脑被装载上车，通过快递网络送往顾客指定的地点。然而，随着互联网技术的日益普及，这种销售渠道也很容易被模仿，比如携程旅行、凡客诚品服饰和淘宝等已经跟上了戴尔的步伐。所以，企业还需要在营销渠道方面继续创新。

5. 在服务方面差异化

早就有人提出了“我们卖的不是产品是服务”，可见服务在现代销售当中的作用日益重要。客人的需求五花八门，仅仅用流程和制度培训出来的服务员最多只能及格。因此，提升服务水准的关键不是培训，而是创造让员工愿意留下的工作环境。创建和谐友爱的企业文化，让员工有归属感，从而变被动工作为主动工作，让每个顾客从进门到离开都能够真切体会到细致入微的服务。如果一个企业能够一直以“服务最佳”而闻名于世，这些付出会为企业带来丰厚的回报。

企业要想成功实施差异化营销，仅仅选择差异化因素是不够的，还必须检讨差异化因素能不能为顾客，特别是目标顾客创造价值，从而让其成为吸引顾客的卖点。另外，还要不断地检查你的产品在顾客心目中是否已经具备预设的差异化卖点。大部分顾客不是专业人士，在决策时理性夹杂着感性。如果他们认为你在差异化因素方面并不突出，那么就说明你的产品差异化做的没有到位，你还需要运用新颖的方式将产品的优势凸显出来。

第八章

小细节的“蝴蝶效应”

在与老顾客的交往过程中，不能不拘小节，小小细节决定顾客对你的感受。大的思路和心态确定以后，小的方法和技巧就是关键！

多聊产品之外的话题

有的销售员见到顾客就迫不及待地向他们介绍产品，心里想的，口中说的全部是自己的产品。其实这样做对销售并没有好处，反而会给顾客增加压力。有时候多聊一些产品之外的话题，会让顾客感到轻松愉快。

说到聊天谁都会，然而如何跟顾客聊天，有的销售员就不知所措了，他们会感到紧张、害怕，不知道聊什么内容。话多或者不是别人喜欢的，会让顾客觉得不舒服；话少，场面又比较冷淡。和顾客聊天应该注意哪些内容，应该如何把握分寸，如何通过聊天将自己推销给顾客，将顾客关系拉进一步?

这对于销售员来说是一个大难题，也是一门大学问，需要长时间的练习，寻找方法和技巧。在和顾客聊天的时候抱着这样的想法，我的目的很简单，并不是立即就需要顾客签单或者有什么意向，而是通过聊天增进和顾客的感情，建立长期的合作关系，能够成为朋友。但是这种交友聊天的方式又有一定的目的性，也就是以后找到适当的机会让顾客签单。

聊天是在工作之余增加同事、顾客、朋友间的感情的一个方式。在和顾客聊天时要注意的事情很多，最起码是你要和顾客有共同的认知，就是理解不一样也会相处得好一点；当然还要看顾客是什么样的性格。这就需要做到以下几点：

首先，在和顾客聊天之前，要对顾客做一个预先的了解。这样与顾客见面，就可以选择一个顾客感兴趣的轻松的话题入手，营造一个轻松的谈话氛围。当然，和顾客聊天的目的不是休闲式的闲聊，而是在从其他话题上找到能够转到业务相关的机会，向顾客了解一些市场、产品等近况，找到顾客对此次接触的目的、期望目标等。

其次，聊天过程中不要表现得太有个性。在聊天的过程中要表现出对顾客的尊重，学会顺着顾客的意思聊，不要过多地表露自己的观点。尽量地让顾客向你打开心窗，了解顾客此次跟你要谈的业务的真实想法，并且借助聊天更多地去了解顾客的为人和秉性。

最后，要不断地提高自己的沟通技能。要通过聊天从顾客那里了解到自己想知道的内容，就要掌握一定的聊天技巧。在不断充实自己的专业知识的同时，还要考虑在闲聊之中如何更多地了解用户，并且让用户更多地了解自己，使得用户能够更加的信任。如何发问，如何寻找用户感兴趣的话题，如何能够让用户多说等聊天技巧。

总之，和顾客聊天要寻找顾客关心的问题、顾客的兴趣等。但是也不要老是想着这些问题去和顾客聊天。如果我们一直在琢磨这些问题，和顾客聊天的时候就难免会分心、会走神，那就会让顾客感到你聊天的时候心不在焉，顾客就会琢磨你在想什么。这样，两个人都觉得对方不真诚。在这种状况下，想要让对方敞开心扉是不可能的，有时候甚至使谈话无法进行下去。

不要怕说“对不起”

顾客在向你反映问题的时候，他们希望得到你的理解，因此，如果你直接面对顾客的投诉，最好首先对顾客说一声“对不起”，若以个人的名义道歉的话，就要表现得更加真诚。美国一家大型咨询公司的经理RonZemke如是说，跟他讲你明白他的不满，然后明确告诉他你将尽你个人的一切努力帮他，直到他满意为止。这也就是说，对于顾客遇到的问题，我们不要逃避，要承认产品给顾客带来的困惑，勇敢地对顾客说声“对不起”。

我们需要对顾客说“对不起”的时候很多，如报价错误、商品有瑕疵、图片和标题不符、语言不当引起顾客误会等，这时候就要及时向顾客道歉。适当的时候说声"对不起"，承认"我错了"，不代表真的做了什么不可弥补的事情或者犯了天大的错误。"对不起"是一种软化剂，是沟通的消毒剂，使事情有回转的余地，可解冻、改善与转化沟通的问题，让顾客知道你是真心的。大家将心比心，人无完人，孰能无过呢?

对待那些没有成交的潜在顾客，我们也要说对不起。潜在顾客未成交，可能是因为价格原因、产品款式原因、产品颜色原因等，对这类顾客我们也不要冷落，因为他们关注产品就是对产品感兴趣，这次不能成交，下次可能就成交了。我们要把顾客来访及询问作为一种鼓励、一种信任，对没有成交的原因做出分析，并且以一种平和、真诚的态度向顾客表示我们的歉意。以一种平常心对待潜在顾客，即使这次没有成交，也要让顾客认可我们，在顾客出门的时候说声：对不起，这次没有合适您的产品，等有合适您的产品，我会及时通知您的；很抱歉，这个报价让您不是很满意，但是这已经是最低价了，即使这次合作不成，我也愿意交您这个朋友，欢迎下次合作。

应该对顾客说"对不起"的情况很多，比如：和顾客约好了发货的时间，却发现仓库里没有现货，即便是立即调货在约定的时间内也来不及，那就要及时通知顾客，对顾客说声对不起，重新约定一下发货时间，不要等到顾客到约定的时间收不到货，才来解释；如果和顾客约定了见面的时间，自己迟到了，无论迟到时间长短都要真诚地向顾客道歉；如果是顾客挤时间接待你，那你首先要说声"对不起，打扰了"。

有时候我们在乎的并不是事情的本身，而是对方处理问题的态度。我们经常听到有人说："……连句对不起都不说"。实际上当顾客不满或者抱怨的时候，他们需要的也是我们的一种态度。当顾客有不满或者利益确实受损的时候，对他们说一声对不起，并不代表你做错了什么，而是给顾客的一种心理抚慰，他们会因为你了解了他们的不满而感到欣慰。一声"对不起"会让满怀气愤的顾客气消一半，会让想借机发火的顾客没有发火的理由。如果一句“对不起”能够让顾客变得平和，有利于解决问题以及以后的合作，我们又何必吝啬呢！拿出一点诚意来，该出口的时候就出口！

跟进问题，直至解决

满足顾客的实际需求，帮助顾客解决遇到的问题，这应该是销售的根本目的所在。所以，销售人员在销售过程中，不能一味地盯住产品，而应该了解顾客的需求，跟进顾客所遇到的问题，直到问题解决。

美国汽车大王福特说过这样一句话：“假如有什么成功秘诀的话，就是设身处地替别人着想。”IBM公司的副总裁曾经说过这样一句话，“我们不是卖硬件，我们卖的是解决问题的方法。”在销售实践中很多人对你的产品的详细功能、特点什么的并不想事无巨细地了解，他们更关注的是你的产品能否满足他们的实际要求。所以，从这个意义上来说，销售是一种非常崇高的职业，是在为顾客提供更好的产品和服务，帮助顾客解决问题，让用户的生活获得更多的方便和享受。只有为顾客着想，很好地帮助顾客解决问题，顾客才会接受你，信任你，欢迎你。

当顾客遇到问题的时候，他们只需要找到一个人就行了，而不是生产产品的企业。因为，在顾客眼里和他成交的人就代表了他所在的企业，一旦遇到问题，首当其冲的要找这个人去解决。所以，一旦你的顾客找到你，你就有责任为你的顾客负全责。而企业内部就是从投入到产出要一票到底，其他所有的人，和你之间不再是职能部门的关系，而是支持流程的关系。这种逻辑关系如果搞不清楚的话，售后服务就无法满足顾客的需求。如果是遇到比较大的问题，比如产品质量不过关，顾客要求必须退货，尤其是在由于产品问题给顾客带来巨大损失的情况下，如果你不能解决这类问题，也不要告诉顾客去找某某部门的人，应该先安抚一下顾客，积极地与顾客进行沟通，了解一下顾客的最终要求，然后再带顾客向上一级或者是主管该类事件的部门反映情况，制定一个对顾客交代的方案。如果是问题一时间无法解决，你就要和顾客保持联系，经常去探望顾客，以朋友的身份去和顾客沟通，让他知道你很同情他的处境，你正在为达到他的要求积极地和企业方面沟通，这件事情正在处理当中，这样的话顾客就不会因为问题的处理时间较长而让顾客误解为不去处理问题，致使顾客对企业更加不满。

当然，跟进问题，直至解决，对销售员个人也有很多好处。这不但能够使顾客对你更加信任，而且能够锻炼你的个人能力，使你更加具有责任心，养成善于付出的习惯，能够用心与顾客交流，为顾客着想，用诚心感化顾客。

要做到跟进问题，直至解决，必须有一个好心态，持之以恒，不管顾客遇到的问题是难解决还是比较容易解决，都要勇敢地去面对。同时，跟进问题要有扎实的行业知识和掌握与人沟通的技巧，即使在顾客非常气愤的时候，不想答理你，你也要没事找事，没话找话，敲开顾客的嘴，让他对你打开心扉。

与顾客交谈时不接电话

有这样一个故事，说是在某大学里，某教授对学生上课时间接电话的行为深恶痛绝，多次在课上严令禁止，并以身作则。但是有一天，这位老教授因事情匆忙忘了关手机就赶来上课，上课不多久，教授的手机突然响起，令老教授十分尴尬。学生也个个瞪大眼睛，想看看老师会如何处理。只见老教授从容地把手机从腰部解下，对准窗外的一个荷花池，“嗖”的就把手机扔出去了，“咚”的一声，手机沉入池底，溅起一团水花。这让学生目瞪口呆，肃然起敬。

时下，销售员电话多这是众所周知的，与顾客交谈的时候也避免不了有电话打来。在与顾客沟通的时候有电话打来，销售员应该怎么做呢？

一般来说，销售员在与顾客沟通时有电话打来，你需要很有礼貌地跟顾客说一声，形式上请对方允许你接电话，当然大多数情况下对方也会大度的说没问题。其实，虽然顾客允许你接电话了，但是他们会在心里想："好像电话里的人比我更重要，怎么能让我等那么久呢！"因此，销售员在初次拜访或重要的拜访时，千万不要接电话。如果实在是很重要的电话，也要接了解释一下马上挂掉，等会谈结束后再打过去。

其实，这很容易理解。如果你正在和某人就某件事沟通或者仅是聊天，他手机响了就一直接电话，这时候你就会感到他冷落了你，在他接电话的时候你觉得自己走也不是留也不是，十分尴尬。将心比心，所以，在和顾客沟通的时候千万不要接电话，那样会让顾客觉得你不够重视他。

还要记住一点，如果你办公室里有顾客，也不要接电话。不管这个顾客是出于什么原因到你办公室里来的，在顾客面前都不要接电话。这时候接电话是一种不礼貌的行为，顾客会觉得你忽视他的存在。如果实在是有重要的电话非接不可，你就要让顾客知道你为什么要接这个电话，你可以向顾客说明在他来之前你就在等这个电话。但是，接电话的时间也不要太长。否则，无形中会被顾客认为自己不如电话中的人重要，而且你也会被认为是一个对事情没有掌控、不集中精力对待约定的人。

另外，在和顾客交谈时接别人的电话，你肯定会因顾及到面前的顾客而不能全身心地投入到通话中，其实这样对通话的另一方也不礼貌。因为你在和对方通话的时候，他们一直在注意你的声音，包括语调和情绪，你需要把你全部的注意力投入在电话中。如果你带着微笑和对方通话，他听到你的声音就像你在微笑；如果你匆匆忙忙或者是非常紧张的和对方通话，他听到你的声音就会感到你很匆忙，很紧张，好像是有什么事情。所以，即使你不看到和你通话的人，你也要像他们就在你的面前一样对待他们。你的态度应该是有礼貌的，声音应该是适中的、清晰的、柔和的，这样顾客才会感到你正在全身心地和他沟通。所以，在顾客面前接电话，无论是对面前的顾客，还是对通话的另一方来说都是不礼貌的行为，不到万不得已，千万不要在顾客面前接电话。

永远比顾客晚挂电话

在商务沟通中，电话已经成了必要的联络工具，利用电话，企业和顾客可以随时随地的联系，方便双方洽谈、合作。

需要注意的是，双方在通话中传递的不仅是声音，而且还传递情绪、态度和风度。因为，虽然电话是通过声音交流，对方并看不见你，但你的情绪、语气和姿态等都能通过声音的变化传达给对方，所以，在通话中一定要注意通话的技巧。

作为营销人员与顾客沟通交流的主要途径之一就是电话，因此，接听电话也要讲究礼仪。有些营销人员，在这方面做得还不够，往往在接听电话的时候，对方还没有说完“再见”，就重重地挂上了电话。销售员工作压力大时间也很宝贵，尤其在与较熟顾客电话交谈时，很容易犯这个毛病。虽然这只是一个很小的细节，但却是一个十分不礼貌的行为。不管你手头有多少工作需要尽快处理，也不可粗鲁地挂断电话，这会让对方感到你不懂礼貌，素质太低，对你产生坏印象，弄不好还会影响你与顾客之间的沟通与交流，影响与顾客间的生意合作。永远比顾客晚放下电话，这是你对顾客的一种尊重。

也有很多销售员有这样的想法，谁先打电话的，谁就先挂电话。因此，有些销售员会在将要挂电话的时候给对方说：“×总，没有什么事情我就挂了。”然后就主动挂断了电话。其实不然，业界一些知名人士认为把握好挂电话这个小小的细节，通过细节提升自己的个人修养，养成良好的挂电话习惯，有助于销售员提升个人魅力。所以，销售员一定要谨记永远让对方先挂电话。

顾客至上，对销售员来说，不能仅仅是一个口号，要时刻表现在行动上。在和顾客进行电话沟通的时候，通话即将结束时，一般应当由打电话的一方提出，然后彼此客气地道别，说一声“再见”，再挂电话，不可只管自己讲完就挂断电话。在由自己来结束电话的时候，可以在说完“再见”后，先用手按断，再把话筒扣上，但千万不要用力一摔，让对方大惊失色。如果对方是尊者，无论你是接电话还是打电话，都要让对方先挂断电话。或许你也有过这样的经历，当谈完事情，正要向对方道谢时，谢字还没讲完，就听对方把听筒重重地扣在了话机上，这时候无论通话的对方是谁，你都会感到心里不好受。将心比心，如果你不注意挂电话的动作，同样会给顾客带来不好的感受。因在顾客之前挂掉电话而失掉顾客的案例也不少见。

秦晖是一家礼品公司的电话销售人员，她一天到晚都忙得不可开交。有一天，她正忙得焦头烂额，一个顾客打来了电话，在和对方进行了长时间的沟通之后，终于能够放下电话了，还没等对方说声再见，秦晖这边就“咔嚓”一声挂了电话。这时候顾客一下子就愣住了，他没想到秦晖会在他之前挂断电话，心里十分不愉快，心想“这么急挂电话，是对我很不满吗!”后来，这个顾客与秦晖的上司一起聊天时，说起秦晖挂电话的事，上司回来就把秦晖训了一顿，并且把这个顾客交给了其他营销员管理。

因为接听电话而失去重要顾客是得不偿失的。因此，即使你的工作非常忙碌，也不能在接听电话时表现出不耐烦的样子，尤其是接听顾客的抱怨电话时，一定要谨慎，要耐心倾听，让对方把话说完，然后分析问题到底出在哪里，平心静气地与对方商量解决办法，这样不但留住了顾客，而且还能给顾客留下一个好印象。

为顾客想得周到一些

沃尔玛创始人山姆·沃尔顿所说：卓越的顾客服务是我们区别于所有其他公司的特色所在，在每一个细节向顾客提供他们需要的东西——并且再多一点服务，让他们知道你重视他们。

做销售不能只想着把商品卖给顾客，要想把销售做得更长远一些，应该把顾客当做长期的合作伙伴，为顾客着想，给他们提供卓越而周到的服务。销售人员只有把顾客的问题当做自己的问题来解决时，才能取得顾客的信赖。因此，适当地为顾客着想，会使销售人员与顾客之间的关系更趋稳定，也会使他们的合作更加长久。

在销售过程中，很多销售人员都把赢利作为唯一目标。在这一原则的指导下，许多销售人员为了使自己获得最多的利益，没有真心为顾客着想，更谈不上想得周到，有的销售人员甚至不惜去损害顾客的利益：他们或者诱导顾客购买一些质劣价高的商品，或者是达成交易后就感觉事情已经与自己无关，不管顾客在使用商品的过程中会出现什么问题。其实，这样做可能会在短期内获得不菲的收益，但从长远的角度看，对销售人员的发展却是不利的。因为如果顾客的利益受到损害，他们对销售人员的信赖度就会降低。长此以往，就会导致销售人员的顾客不断流失，从而使自身的利益受到巨大的损失。

因此，为了能留住老顾客，不断新增新顾客，销售人员就要做到为顾客着想，最适用的一点就是为顾客提供能够为他们增加价值和省钱的建议，这样销售人员才能够得到顾客的欢迎。要做到时时刻刻为顾客着想，站在顾客的立场上来看待问题，销售人员就先不要考虑将从中得到的利润，要考虑怎样才能够为顾客省钱，帮助他们以最少的投入获得最大的回报。

为顾客着想，就必须从顾客的角度出发想得周到一些，做好足以打动顾客的每一部分、每一细节。如果营销人员的服务超出了顾客的预期，就会打动顾客的心，使顾客的满意度提升为对产品和服务的忠诚度。

小王第一次主动去拜访顾客，他见到了一个企业里后勤部的张先生，了解到该企业对小王他们的产品有很大的需求，于是小王就直接向他推荐公司里的优惠产品。虽然张先生对小王的优惠产品心动，但是他做不了主。听完小王的介绍后张先生把小王引荐给了主管领导赵先生。

当小王向赵先生说明来意时，赵先生没怎么听他讲下去，就冷冷地说不感兴趣，并表示现在很忙，以后有机会再谈。面对这样的场面，小王也只好说下次有时间再登门拜访。小王仔细审视了一下赵先生的办公室，发现赵先生非常喜欢看书，他办公室里管理类的书特别多。

在接下来的时间，小王每月有什么优惠产品都主动联系赵先生，慢慢地赵先生的态度有些改变。接着三八妇女节到了，公司组织赠送鲜花给女顾客，小王就趁着这机会送了一束鲜花给赵先生的夫人，赵太太收到鲜花后非常高兴，并主动致电感谢。不久后，小王又去拜访赵先生，并且给他带了几本管理类的新书，这次赵先生感动了，他花了整整一个上午的时间和小王长谈，最终达成了协议，约定了签合同的时间。

真是工夫不负有心人，小王终于成功了！通过努力，一步一个脚印往前走，从失败到成功，这次小王完成了一个大订单。

小王的案例告诉我们，在平时业务的拓展中，只要不怕失败，坚持下去，为顾客想得周到一些，用真诚去感动顾客，得到的也许会比你预计的效果更好！

多说“我们”少说“我”

“我们”和“我”，虽是一字之差，表达的含义却有天壤之别。那些交际大师们有一个共同的经验，即在交谈时，要多说“我们”少说“我”。在人际交往中，把“我”说成“我们”，可以巧妙拉近双方距离，使对方更容易接受你和你的话。销售人员在和顾客沟通的时候，把“我”说成“我们”能够给对方一种心理的暗示：销售人员和顾客是在一起的，是站在顾客的角度想问题，虽然它只比“我”多了一个字，但却多了几分亲近。所以，销售员在和顾客交流时一定要多说“我们”少说“我”。

在与顾客交流的时候，如果不管顾客的情绪或反应如何，只是一个劲地说我怎样怎样，那么必然会引起顾客的反感，让顾客觉得你是一个以自我为中心的人。如果改变一下，把“我”改为“我们”，这对你并不会有任何损失，只会获得对方的好感，让顾客对你更加认可。

在老外的眼中中国人是不易合作的，因为中国人的自我意识太强，心中只有一个大写的“我”字，缺乏“我们”这个共同环境的概念。这一缺陷体现到做事上，经常是“我”字当头，只顾及自己的利益，只考虑自己的感受，只追求自己的突出表现，而较少考虑他人如何、团队如何。这一缺陷体现到说话上，也是经常把“我”字挂在嘴边，动辄“我认为”如何如何，我想如何如何。这一习惯即使换了一个环境也不易更改。

事实上，在销售行业喜欢常用“我”这种指称的销售员，大多都是自我意识较强的人，他们把销售商品作为自己的唯一目的，没有真心去为对方着想。一个把顾客当做自己的利益共同体的销售员会发自内心地把顾客当成自己人，说话的时候也会把“我”说成“我们”。因此，销售员要时刻想着和顾客是同舟共济、共同朝着某一目标迈进的合作伙伴，多用“我们”这种利于拉近彼此心理距离的说法。

有一位小伙子在外企中做销售，由于销售业绩不错，被提拔为销售主管。一天，老外总经理找他就下属公司产品质量出现的问题征求意见。小伙子胸有成竹地走进总经理的办公室，准备发挥自己能言善辩的本领，让总经理刮目相看，然而他的大论刚开头就引起了总经理的不满。

小伙子向总经理汇报说："他们分公司的质量出现问题，引起顾客投诉，我认为……"

话未说完，老外总经理就皱起了眉头，质问道："你说什么?"

小伙子没有看出端倪，又把刚才的话重复了一遍。

总经理很不高兴地说："你说他们的分公司，那你是谁?"

小伙子这时候才意识到了自己的失误，然而，为时已晚，总经理说："我认为你并不能带好一个销售团队，所以还是先从业务员干起吧……"

一个人不能把公司的事情当成是"我们"的事情，把自己置身事外，很难与企业患难同当、荣辱与共，又怎么能够担任得起领导的责任呢?

所以，在谈话时，不要以"我"为中心，过分地使用它，一个素质高的销售人员不会总把"我认为"挂在嘴边。使用"我"这个词，常常是将自己与周围的人划清了界限，它会把别人的问题只当做别人的问题，自己的事也只是自己的事，缺少了大家共同应对问题的意识。所以，千万不要把自己孤立出来，在沟通交流中一定要多说"我们"少说"我"。

像朋友一样相处

销售人员要想和顾客合作长久，就要和他们像朋友一样相处。

朋友之间的相处贵在真诚，真心地为对方着想，不为一己之利而损害对方的利益。销售人员与顾客之间的友谊较多地建立在利益上面，因此，双方是合作共赢的关系。一名优秀的销售人员会去充分了解顾客需要得到的产品功能是什么，需要解决的问题是什么，顾客的疑虑是什么，顾客的喜好是什么。在了解了顾客的需求之后，在不违背一定的原则的前提下，尽力满足顾客的需求。

销售人员和顾客关系不好的一个主要原因就是，较少合作，较多算计，结果大家谁都不开心。所谓合作共赢，在多数情况下，双方合作比双方背叛好。因此，销售人员不要只想从顾客那里尽量地赚钱，应该想着照顾双方的利益，就像朋友之间的合作一样，大家都能得到益处，与顾客的友谊才能够长久。

与顾客像朋友一样相处的第一步就是要心存感激。时时对自己的现状心存感激，同时也要对顾客为你所做的一切怀有敬意和感激之情，及时地回报顾客的善意，不仅会赢得必要而有力的支持，而且还可以引导合作关系向着良性的方向发展。你怎样对待别人，别人就会怎样对待你。销售员与顾客之间也是这样。心理学互惠关系定律认为行为孕育行为，你对我友善，我对你也友善，如果你不友好，我也不可能友好地对待你。和顾客的合作关系就是善意关系，人是感情为重的动物。人生最美丽的补偿心，就是人们真诚地帮助别人之后，同时也帮助了自己。

但是，与顾客的合作要建立在一定的原则之上，并不是说合作就拒绝冲突，坚持原则合作才会长久。好朋友之间也会有冲突产生，关键是看你怎样去解决冲突，有时候冲突解决的好，双方的关系就能够更进一步，所以，和顾客做朋友不等于是一心为顾客着想，杜绝一切冲突，对顾客的让步要建立在人格独立的基础之上，不能因为谋求合作就降低了自己的身份。

和顾客之间的相处也离不开宽容。即使顾客有过一次背叛和冒犯，也不要嫉恨、抱怨，要一切着眼于未来，给对方改正的机会也是在给自己机会，这是恢复合作的关键。要学会对事不对人，在你给别人第二次机会之前，也学会换位思考，也许在那种情况下自己也会那么做的，所以要不计前嫌，再次给顾客机会才是真正的宽容。但是，同样的错误不可一犯再犯。如果朋友做错了一次事情，我们不能揪住不放，但是如果朋友一再背叛你，那就说明他根本不在乎你，没有诚心和你交往，所以宽容不等于一再地容忍对方的背叛。当对方一再犯错的时候，就要设定限制条件，否则不能再继续合作，如果对方答应了你的条件，你一样要宽容对方。宽容有一种潜移默化的力量，它使人们不知不觉地吸收彼此的营养，从而一同壮大。弱者才会残忍，唯强者懂得温柔，用体谅改变别人，和趣味不相投的人相处是一种思维艺术，宽容的力量是强大的，懂得宽容的人是强大的，宽容是自信，是不易受伤。

第九章

“抓心”的常规策略

说千道万，想长期赚顾客的钱，抓住顾客的心是关键！让顾客的心里有舒适、愉悦和安全感，让顾客产生需求依赖性。

攻心为上，攻城为下

随着买方市场的形成，“顾客至上”的观点被销售人员普遍接受，于是对待顾客更加小心翼翼，唯恐有什么地方做得不够好得罪了顾客而失去了订单。然而，令销售人员困惑的是即使对顾客服务非常周到，仍然有顾客不断流失。其实，这是因为市场的变化速度要比企业的营销速度更快，传统的“4P”（产品、价格、地点、促销）营销模式显然很难适应这个变化着的社会，现代社会是一个以“3C”（变化、顾客、竞争）为主导的社会，企业能否在市场中赢得优势，靠的不再仅仅是其过硬的产品质量、优秀的售后服务以及良好的企业形象。企业最需要做的就是从顾客的心理出发，挖掘出顾客的潜藏心理利益，满足顾客的心理需求，俘获顾客的心。那么，企业怎样采用攻心术来保持顾客呢？

攻心的常用方法：

- 探求顾客心理价值分布（节制性价值区、传统性价值区、个性化价值区）。
- 设计顾客心理消费价值（品牌心理体验价值、新颖与安全心理价值）。
- 制造心理态势（造就顾客抢购心理、标新立异打动顾客、求实心理、公益心理、获利心理）。

1. 探求顾客心理价值分布

顾客对产品和服务的认同最为重要的一点在于顾客的消费诱因，顾客进行消费的目的在于从产品或服务中得到的利益，更为重要的是顾客追求的有时可能是产品或服务以外的享受。然而企业不可能满足所有消费者的需求，这就需对顾客价值取向进行细分，将有利于营销部门找到顾客利益和企业利益的结合点即顾客的心理价值元素消费，顾客心理的价值分布一般可以从以下三个方面去划分：

①节制性价值区。在这一价值区，顾客崇尚高尚、自然、安逸、简约，购物理性程度较高，同时考虑了购物的全面成本。

②传统性价值区。要求产品或服务有着古典韵味或者有亲和力，顾客崇尚质量、服务以及美誉度。

③个性化价值区。顾客崇尚的是差异化，他们更多的是需要与众不同或者标新立异，总之在这一价值区中的消费群体更注重刺激、乐趣、科技以及个人效率，他们消费的理性程度比节制性价值区要低得多，他们更注重感性消费，通俗地说他们的情感意识要高于理性意识。

这三种心理价值区并非孤立存在，随着顾客周身环境的变化，其消费心理也同样产生变化，顾客的心理对于企业来讲是一个“外生变量”，因而要使顾客跟着企业后面走，企业唯有注重顾客的心理价值区，进行有效地心理营销方能真正创造有效的消费群体。

2. 设计顾客心理消费价值

通常企业在思考价值时，常常最为关注的是价格和产品，这也是很多企业营销不能成功的根源。企业衡量自身产品的价值必须从顾客出发才能真正客观评价出其价值。在这个变化着的社会，顾客消费的心理价值已经变得十分复杂，在价格和产品之外，还有更多的因素影响着产品的价值，甚至这些因素比产品和价格更为重要，它们共同构成了顾客的心理消费价值元素体系，除产品和价格之外，笔者对顾客的心理价值元素大致可以归纳如下：

(1) 品牌心理体验价值

对品牌的信任价值是整体心理价值一个重要组成因素。随着现代社会产品的日益增多，品牌的重要性是不言而喻的，当消费者忙于应付日益增多的产品种类以及相关的产品和价格属性时，品牌因素在整体价值中将变得尤为重要。当然并非任何企业都可以利用顾客的品牌心理进行营销，品牌的建立是一个长期的、循序渐进的过程，缺乏有效品牌的企业需要从其他心理价值元素中找寻营销的突破口。

（2）新颖与安全心理价值

作为新生事物的领导者和倡导者，商品的新颖同样可以为消费者增加价值。安全也是心理价值的一个重要砝码，消费者宁愿花更多的钱从一家值得信任的商家购买商品，也不愿从一家不了解的商家购买便宜货。尤其在现代信息社会，虚拟的网络安全和信任的价值更为突出。

3. 制造心理态势

顾客的心理态势常常是决定其是否消费的根源，企业如果能够在适当的场合引导顾客心理，制造其消费心理态势，调动其消费欲望，才可能使顾客消费成为现实。消费心理态势的制造必须结合市场的整体状况进行，方能起到刺激消费的良好作用。制造调动消费欲望的心理态势，我们可以从以下几个角度去进行考虑：

（1）创造产品匮乏，造就顾客的抢购心理，给顾客造成饥饿感

苹果公司的饥饿营销可以说是登峰造极。虽然说保险行业的险种停售并不是他们的促销手段，但我们仍能感到，该险种在停售前期的销售热潮，也充分说明了这前期的心理营销为其后期营销打下了坚实的基础。

意大利的菲尔·劳伦斯开办了一家七岁儿童商店，经营的商品全是七岁左右的儿童吃穿看玩的用品。商店规定，进店的顾客必须是七岁的儿童，大人进店必须有七岁儿童做伴，否则谢绝入内。即使是当地官员也不例外。商店的这一招不仅没有减少生意，反而有效地吸引了顾客。一些带着七岁儿童的家长进门，想看看里面到底“卖的什么药”，而一些身带其他年龄孩子的家长也谎称孩子只有七岁，进店选购商品，致使菲尔的生意越做越红火。

后来，菲尔又开设了二十多家类似的商店，如新婚青年商店、老年人商店、孕妇商店、妇女商店，等等。妇女商店，谢绝男顾客入内，因而使不少过路女性很感兴趣，少不了进门一走。孕妇可以进妇女商店，但一般无孕妇女不得进孕妇商店。戴眼镜商店只接待戴眼镜的顾客，其他人只得望“门”兴叹。左撇子商店只接待左撇子服务，但绝不反对人们冒充左撇子进店。所有这些限制顾客的做法，相反地，都起到了促进销售的效果。

(2) 以一定程度的标新立异打动顾客，创造顾客的好奇心理，制造“眼球效应”

注意力经济已经不是什么新鲜的词语，好奇之心人皆有之，关键是企业如何利用其独特的视角、方式去吸引顾客的眼球，这一顾客心理态势的捕捉需要一定的技巧，捕捉不好可能造成营销的负面效应，最后反而得不偿失。

(3) 求实心理

这一心理状态是每一个消费者都有的，物美价廉是所有消费者内心深处所期望的，企业在进行营销时，可以用增加附加值的方式来弥补某些产品价格偏高的劣势，给顾客一个“物有所值”的主观印象。

(4) 公益心理

一个优秀的企业是不能缺少为社会、为消费者服务的理念的。迎合顾客的公益心理、给顾客一种温馨感常常能够促成消费的形成。哈药六厂在央视的“妈妈洗脚”的公益广告很好地感动了顾客；农夫山泉在央视的“每喝一瓶农夫山泉就给失学孩子捐出一分钱”的广告同样也是这种效果。

(5) 获利心理

“天上掉馅饼”这是每个人都梦寐以求的事情，企业抓住顾客的这一心理倾向，提供免费使用、派送等多种方式来抓住顾客，促成其购买欲望的形成，这种心理营销方式在现代社会已经屡见不鲜。

虽然在营销的实践中不少企业已经开始了心理营销的征程，但心理营销在营销界还是一个比较新的话题，很多企业虽然已经或多或少地利用了这种营销方式，然而由于顾客消费心理数据较难获取，不少企业常常在缺乏有效的市场调查的基础之上主观揣测顾客心理，其结果常常适得其反，无法形成有效的心理营销优势并拉动顾客消费，这也正是心理营销无法在企业界推广的重要原因。笔者通过对多家国内外企业的案例研究和市场调研，构建了上述维系企业顾客的心理营销模式。当然，心理营销必须结合市场的现实情况展开，这是一个艺术性较强的操作模式，企业必须在进行充分市场调研的基础之上展开，否则将适得其反。

“休渔期”的有益启示

“休渔期”简单地说就是不捕鱼的时期。如果一年四季都不停地捕鱼，那鱼很快就捕光了，基于此，就有了“休渔期”这一条规定。也就是说在捕完鱼之后，留出一段时间不捕鱼，让鱼繁殖。

“休渔期”给企业的启示就是，不要一直追着顾客不放，要给顾客一些“自由泛滥”的时间。企业的产品究竟怎样销售人员说了不算，这要靠顾客自己去感觉。如果顾客觉得产品可以，自然会再次“上钩”；如果顾客购买产品后有上当的感觉，即使销售员怎么追赶，顾客也不会再回头。

口碑，是人类最原始的行销广告。但是口碑的形成需要一定的时间，在产品还没有得到顾客认可之前，即使企业进行铺天盖地的广告宣传、密集性商业轰炸，收效也是甚微。企业在做完前期的产品宣传之后，要等一段时候才能见到效果。消费心理学家指出，家庭与朋友的影响、消费者直接的使用经验、大众媒介和企业的市场营销活动共同构成影响消费者态度的四大因素，其中口碑对消费者态度和行为的影响作用最为重大。所以，企业也要设定一定的“休渔期”，让口碑在消费者之间传播。

实践证明，那些口碑传播程度较高或者负面口碑较少的公司发展速度相对较快，与此相反，那些口碑传播程度较低，负面口碑较多的公司的业绩停滞不前甚至出现下降。口碑对企业来说如此重要，那么，企业应该怎样利用口碑来促进销售呢？

口碑的传播方式有很多种，我认为最为重要的有以下几种：

（1）顾客推介

顾客推介，除了顾客自愿向身边的人介绍产品外，企业还可以利用奖励老顾客把产品或服务推荐给新顾客的方法，来促进口碑传播。具体的奖励办法可以是送给老顾客一个大礼包或者是发送享受折扣的会员卡。总之，只要是能够调动老顾客推介新顾客的积极性就可以。

（2）事件营销

事件营销，是指企业通过策划、组织和利用具有新闻价值、社会影响以及名人效应的人物或事件，吸引媒体、社会团体和消费者的兴趣与关注，以求提高企业或产品的知名度、美誉度，树立良好品牌形象，并最终促成产品或服务的销售的手段和方式。美国运通公司承诺它的持卡人每发生一笔交易都会给自由女神像的重建捐出 1 美分的时候，运通卡的使用量增加了28%，运通卡用户增加了17%。通过发起一个很好的活动，公司可以调动顾客的积极性，并创造一个能让顾客欣然接受的理由来对自己的产品进行宣传推广。

（3）公益活动

现代营销越来越强调把消费者需求与社会公众利益有机结合起来，充分体现企业对社会的高度责任感，以此树立良好的美誉度，以博得顾客对其价值观的广泛认同和强烈共鸣，从而巧妙突破用户的心理防线，使之心甘情愿和企业合作。这就是公益心理营销。在这方面日本本田汽车公司做得非常出色，它别出心裁地推出了一个销售汽车、绿化街道的“本田方案"：每卖一辆车，就在街道两侧种一棵纪念树，以减轻越来越多的汽车尾气排放对城市环境的污染。该方案实施后，汽车一辆辆开出厂门，街上树木一棵棵栽上，绿化地带也就一块块地铺开。顾客心中自然产生一种强烈的需求欲望——为什么不买绿化街道的本田车呢？从而使本田汽车名噪一时，销量大增，迅速跻身于汽车巨头前列。

总之，"休渔期"给企业的启示就是不要忘了依靠口碑来提高销售业绩，一直盯着顾客不放也不一定是好办法。

为顾客描绘美好的蓝图

我们在为顾客讲解完合作的前景后，往往发现顾客还是一头雾水。有相关调查显示，第一次听创业说明的人当中，至少有80%听不懂，很多人甚至连这是什么都不知道。假设你就是这个顾客，那么在不了解这是一个什么事情的时候，你会决定投入吗？答案当然是否定的。

有时候，我们觉得顾客明明非常需要和我们合作，但是，他们为什么没有加入，他们为什么老是拒绝我们？为什么他们总是说还要再考虑一下？

合作将会带给顾客什么样的好处？他们真的已经清楚了吗？如果顾客能够看到合作的前途，他们当中的绝大多数便会愿意合作了。问题是，他们没有看到。

他们没看到，有时是因为我们没给他们解释清楚。

一般来说，完整的合作说明，包括趋势、公司、产品、制度，好一些的还会有行销策略。有些销售员在给顾客介绍合作前景的时候，都是以自我为中心，诸如：这个产品如何好，如何棒，如何能挣到钱，等等！然而，这些是对方真正关心的问题吗？或者换而言之，这些是我们认为他们应该关心的话题，还是他们发自内心渴望得到的东西呢？我们又应该用一种什么样的方式与顾客进行沟通呢？

具体来说，面对不同的顾客介绍合作前途的方法也应不一样。比如，面对工作非常忙碌，希望有更多的时间来陪自己的孩子或其他家人的顾客，我们还能跟他讲公司、讲产品、讲制度吗？这类顾客所面临的现实问题，与我们所在的公司，所经营的产品，所遵从的制度，并没有必然的联系。那么，为什么我们还要去讲这些呢？如果这样，你得到的很可能是拒绝。很多销售员，或许会想，我们可以沟通合作带来的时间自由。这里顾客的确希望拥有自由的时间，但是仅仅凭借我们说说所谓的“时间自由”，就能够打动他们的心吗？为了抽出更多的时间来陪家人，他们已经竭尽全力了。再讲时间自由对顾客来说就好比空中楼阁，能起到什么意义呢？既然如此，我们到底该如何继续这场谈话呢？

或许我们可以这样说：与我们合作，或许不能立即保证你能够获得很高的收入，因为这要取决于你努力的程度。但，我能够看到的是，如果你全力以赴，一年之后，或许两年之后，你将不再需要像现在这样花费很多时间在工作上，你再也不用在家人需要你的时候必须匆匆忙忙地赶去上班了。对顾客来说，刚才所说的情景正是他想要的生活。这与金钱无关，与免费的汽车奖励无关，与免费旅游同样无关，这类顾客想要的仅仅是有时间陪陪家人。

所以，在开口沟通合作机会之前，一定要先搞清楚顾客的动机是什么，以及他们想要什么样的生活。然后，在交流的时候，就要为对方构造一幅他想要的关于未来生活的蓝图。

实践证明，我们越是能够清晰准确地描绘出合作将为顾客带来的未来生活的景象，越容易打动他们的心。合作，是一个自主的生意，所有的原动力都来自于人的内心深处。只有一个人内心渴望得到的时候，才有可能成为我们梦寐以求的商业伙伴——团队领袖。

通过想象与语言蓝图，我们能够清晰地将我们所看到的合作能够带给他的益处展现出来，届时他们便会加入，因为几乎每个人都能够通过合作获得他们渴望得到的收益。所以，我们使用语言来描述画面，通过故事来证明真实并加强感受，让人们拥有我们的感受，并记住所有的信息。

以上只是举的一个例子而已，要知道，对于不同的人，我们所描绘的蓝图不应该相同。如果我们使用“共同语言”，而这很可能并不是他真正关心的，那么一般来说，他便会将与你的合作置于脑后。但是，如果你使用针对性的“图画”，情况将完全不同。

问题是我们如何才能发现，并正确地描绘顾客所需要的蓝图呢?

其实这也不难，那就是“安静”，做一个好听众。你需要做的是坐下来听，然后寻找他们想要什么？然后，努力去描绘，本次合作将会给他们带来什么好处！所以，了解对方的动机是什么，他想要什么样的生活，极其重要。了解了对方的需求，再为其描绘前景，对合作来说将会事半功倍。

三件宝：点头、微笑、赞扬

在与顾客沟通时千万不要忘了能够让洽谈取胜的三件法宝——点头、微笑和赞扬。

在和顾客沟通的时候，学会用心倾听与善用点头会让对方感觉到受到了肯定，对方会感到你在认真倾听，会觉得你的态度很诚恳，同时他会感受到你对他的尊敬，他也会同样尊敬你。

所谓笑迎八方客，财源滚滚来。在和顾客沟通的时候只是点头还不行，还要注意面部表情。微笑是叩启心灵的钥匙，微笑也是拉近销售员与顾客之间距离的重要手段。在日常的营销中，有的销售员非常困惑：我们产品不比对手的差，价格也不高于对手，为什么成交量就是上不去呢？如果出现了这种情况，这说明你的营销态度对顾客心理产生了极大的影响，从而造成成交量低于竞争对手。或许，有的销售员认为，不就是微笑吗？这么一点儿小事能有这么重要吗？实际上在现实的营销当中微笑真的很重要，因为，他是你的“名片”儿。

笑一笑十年少，一笑解千愁，怒拳不打笑脸人，微笑的好处自是不言而喻。生活中不能缺少微笑，面对顾客更不能缺少微笑。获得顾客的认同并非只是因为你的产品质量比别人好多少，也不是你的产品价格有多么低，面带微笑的迎接每一位顾客，同样显得很是重要。微笑传递真诚，是你具有亲和力的体现。实际上，有许多顾客在购买商品时，他们很敏感，因为他们有时对所购买的商品的功效性能和价格质量不一定能够完全明了，一旦你失去这种亲和力，就能够使生意流失的可能性加大。

在工作中微笑有两个方面的含义。一方面是字面的意思，笑对顾客，笑对同事，笑对同你接触的所有人，在服务他人的过程中常保持微笑，营造一种融洽和谐的环境，让顾客觉得同你接触感觉很轻松愉悦。另一方面的意思是服务的质量，顾客接受你的服务，问题能够得到快捷迅速彻底的解决。只有从这两个层面去加强，平时在与顾客及与你接触的人注重这两个方面，才可能真正提升公司的服务质量，真正赢得顾客的支持，市场的认可，最终完成公司业绩质与量的飞跃。

我们有时会听到别人这么评价一个经营者：“那个人，见人就笑眯眯的，一看就是做生意的料儿!”可见，微笑对于生意的影响是多么重要。微笑着面对每一位顾客，不管是老朋友还是新顾客，你都要一视同仁。越是老顾客，对你这种亲和力的要求就会越高，这是他们优越感的一种体现。要知道，微笑的魅力在于能够更好地融洽双方的关系，迅速拉近双方的距离，要想拉近这种距离，老顾客和新顾客是同等重要的。你的这种亲和力程度如何，它能够决定顾客是否在你这儿购物。

取悦顾客的另一件法宝就是赞扬。无论是谁都喜欢听赞美的话，这可以说是人性使然。但是，赞扬顾客要掌握一定的分寸，赞美要让人感到真诚、可信，如果毫无根据的空洞的说一些空泛的赞美之词，会让顾客觉得不可接受。

那么，究竟怎样称赞顾客才好呢？下面就是几个赞美别人时需要注意的原则。

第一，要找出值得加以赞美的事实。如果没有任何值得褒扬赞美的事实，就千万不要乱加赞美。要仔细观察，找到切实可靠的赞美点再开尊口。

第二，要用言语清楚地把事实说出来。如果只是说“你的衣服真好看!”这样的话会让人感到莫名其妙。所以要是赞美款式好，就最好说选择这样的款式真是有眼光，这个款式很适合您，等等。这样一说，对方一定会很高兴地接受赞美。

第三，要把握时机。赞美的时候错过时机或时机不对会得到反效果。例如，走访时，正遇顾客生意很好，在忙碌间隙，夸奖顾客经营有方可谓正逢时机，更加容易调节气氛，让顾客心里感觉舒服。

赞美是一种艺术，寻找赞美点的过程也是加深对顾客了解和认识的过程。只要赞美适当，就会有意想不到的效果。

鱼上钩后别使猛劲拉

发现潜在顾客是很重要的，如果发现了潜在顾客就要对其进行跟踪，然而跟踪是要讲究技巧的，找顾客就像钓鱼一样，如果鱼上钩后你使猛劲拉，你和鱼同时拼命，鱼哪有不跑的啊？

那么，应该如何跟踪潜在顾客呢？我们不妨分享一下成功人士的方法。

首先是回访问题。通常我们开发一个新顾客都要进行多次的跟踪回访，但问题是，如果整天给顾客打电话，顾客会非常反感，但如果隔了比较长时间才联系顾客，顾客就会把你忘得一干二净。所以，怎样抓住顾客回访的时机成了有效跟踪顾客的一个非常重要的问题。

“扩散团队营销系统KSM”，能够让我们用最少的电话联系次数，在最必要的时刻联系顾客，并且达到最好的效果，甚至是刚刚好在顾客想要购买产品的时候我们就出现了。该系统用心理学上分析出来的人类记忆储能曲线来介绍我们与顾客联系的次数和顾客对我们印象的保留程度的关系。该系统认为，随着我们与顾客联系的次数增多，顾客对我们的印象的保留程度也跟着上升。在我们第一次给一个潜在的顾客打电话后，非常有必要在24小时之内对他进行回访，否则，他很容易就会把我们忘了，这样，我们第一次对他的联系成本就浪费了，接下来应该在3天后再次回访他。这就是心理学上的将记忆储能的极限点。如果你打过电话之后不去回访，那么当你再次联系他的时候，他就会把你忘得一干二净。肯定有很多销售人员遇到过这样的情况：“你是哪位？什么你打过电话？”这就说明，你在打过电话后没有及时回访。所以，在开发潜在顾客的时候，懂得抓住记忆储能的极限点是非常关键的。

接下来是7天后进行回访。这样，我们只用四次电话联系，每次保持通话两分钟左右或者发出一些资料，就让一个潜在顾客在一个月里都能够对你保持深刻的记忆，在他有需要的时候就会想起你并打电话过来了解详细情况，这时候你就可以把他变为你的真实顾客了。

相关调查表明，在第一次拜访就能够做成生意的比例只占5%。也就是说，大部分合作的成功都是跟进的结果。另外，永远不和你合作的潜在顾客也只占5%，这就需要一个优秀的销售人员，在日常的工作中，不断地掌握跟进方法和技巧，不断累积潜在的顾客资源，达到销售越做越大的结果。

当然了，就像上面我们所说的根据是要讲究技巧的，如果发现了潜在顾客就穷追不舍，不厌其烦地和顾客通话或者上门拜访，那会让顾客非常反感。正确的做法就是完成四次电话联系后在一个月内不要再去烦顾客。如果这个潜在顾客在一个月内没有合作需求，为了加深一下他对你的印象，一个月后再进行回访也不迟。如果发现潜在顾客后你就不停地回访，不停地拜访，即使顾客有需求也会被你吓跑的。

另外，跟进顾客是建立在第一次预约和第一次拜访的基础上的。如果不能准确掌握顾客的信息和情况，即使是跟进了也不会有什么收获。在跟进的过程中要主动提出签约的请求，为的是让顾客给你一个明确的态度，让需要的顾客一次就能和你签约，而不能签约的顾客也要找理由来拒绝你。有些销售员盲目跟进，因为害怕被拒绝，不敢要求顾客签约，结果是能签约的单签不到，所以，在“鱼”上钩后不要使劲猛拉，也不要害怕去拉，只有抓住适当的时机，才能提高签约的概率。

每个人都有独特的嗜好

每个人都有独特的嗜好，当然顾客也不例外。找到顾客的嗜好，然后投其所好，是销售人员搞定顾客的有效方法之一。

“投其所好”，首先是要找到“其好”。这就需要收集顾客的各类资料，了解顾客的家庭文化背景、个性气质、个人喜好、事业发展情况、企业产品市场前景等，掌握相关行业的有关研究报告，切实做到知彼知己。

“投其所好”是一种攻心术，如果目的是光明磊落的，然后合乎情理地去引导顾客，这种“投其所好”是一种征服顾客的很好的方法。

心理学表明，情感引导行动。积极的情感，往往能产生理解、合作的行为效果；消极的情感带来的却是排斥和拒绝。销售员要让顾客喜欢自己，就要提高自己的综合素质，充分利用各种机会，拓展自己的知识面，最大限度地去引导和激发顾客的积极情感。“投其所好”就是一种引导顾客积极情感的好方法，那么，究竟怎样进行投其所好呢？

投其所好的方法：

- 发现顾客的“闪光点”。
- 寻找顾客的“兴趣点”。
- 制造顾客的“兴趣点”。

1. 发现顾客的“闪光点”

顾客和销售人员之间往往会在立场、感情、原则等问题上发生分歧，这些都是常见的事情。当谈话因分歧陷入僵局的时候，只有打通双方的心理渠道，获得良好的沟通交易才能够取得成功。

在和顾客沟通的时候，当在一个问题上遇到了沟通的障碍，销售人员应该保持一个健康成熟的心态，从容地面对问题，诚恳积极地征服顾客的心，寻找顾客的闪光点。

富于洞察力，发现顾客的闪光点，不仅能克服谈话僵局，也是合作的基础。要学会赞扬别人，善于从理解的角度真诚地赞美别人。

2. 寻找顾客的“兴趣点”

卡耐基曾经说过这样一段话：“在去钓鱼的时候，你会选择什么当鱼饵？即使你自己喜欢吃土司，但将土司放在渔竿前端也钓不到半条鱼。所以，即使你很不情愿，也不得不用鱼喜欢吃的东西来做鱼饵。”说话也是如此。在和顾客商谈的时候，我们常常会发现顾客根本没有听我们说话，或者故意转移话题……遇到这种情况，无论你对某个话题如何感兴趣，有再多的高见，如果对方不想听，你说了也是白说，你就应该马上放弃你嘴里的话题，去寻找顾客的“兴趣点”。

怎样找到顾客感兴趣的话题呢？换位思考是一个很好的方法。你可以在谈话时随时观察对方的脸部表情、态度，且必须不断反省“对方对这个话题是否感兴趣”“我说这些话是否会引起对方不愉快”等。设身处地为顾客着想，了解顾客的态度和观点。因为这样不但能得到你与顾客的沟通和理解，而且更为清楚地了解顾客的思想轨迹及其中的“要害点”，从而做到有的放矢，击中“要害”。

3. 制造顾客的“兴趣点”

如果不能从顾客的言谈装扮中找到其兴趣点，销售员不妨为顾客制造一些兴趣点。一般情况下，人最感兴趣的通常是与自身相关的事物，销售员可以此为顾客制造兴趣点。譬如，顾客的桌子上放着一个奖杯，销售员不妨说：“您可真棒，在这么大的公司里获得年度优秀奖可是非同一般啊！”如果顾客的桌子上放着家人的照片，销售员则可以夸一夸照片：“您的儿子长得真可爱”“您与太太真有夫妻相啊”，等等。

有些时候，遇到冷场或是没有交谈话题时，这些都是既为对方兴趣点又可缓和气氛的话题。

总之，要让顾客心甘情愿地和我们合作，我们就要努力去迎合顾客的兴趣，投其所好！只有打动了他们的心，我们才能达到合作的目的。

同频之后才能共振

“同频共振”是声学中的一条规律，就是指一处声波在遇到另一处频率相同的声波时，会发出更强的声波振荡，而遇到频率不同的声波则不然。人与人之间，如果能主动寻找共鸣点，使自己的“固有频率”与别人的“固有频率”相一致，就能够使人们之间增进友谊，结成朋友，发生“同频共振”现象。因此，销售人员要与顾客达成合作，实现同频共振很重要。很显然同频是共振的前提，那么，销售人员怎样与顾客实现同频呢？

1. 引导同频

销售员要与顾客共振，就要学会引导和“调频”，与顾客同步，从而进入各自的“轨道”。

什么是“调频”呢？大家都知道收音机只有调到某一波段，才能够收到相关的信息。比如，你要听《田园晚风》这档节目，只有拨到它所在的波段，才能收听；你要听新闻，只有拨到新闻频道，才能收听……总之只有找到专门的波段，才能收听到你想要听的节目，这就是调频。

对于顾客也是一样，只有进入了他们认可或者喜好的那个波段，进入他的频道，你才能够和其同频，与其沟通和交流起来才会顺畅。

牛奶销售员小李很想在一家大型商场里搞一次促销活动，他已经拜访了商场经理4次，都没有见到经理的面。距离活动计划的时间越来越近，但是商场经理还是没有抽出时间来和小李见面。形势逼人，小李只好寻找另外的突破口。

经过多方打探，小李得知这位经理是一个铁杆足球迷，并且还是德国队的球迷。于是第二天中午，在商场经理快要吃午饭的时候，小李通过经理的秘书给他递了一张纸条：在下周的比赛中，肯定是法国队战胜德国队。不出5分钟，这位经理就让秘书请他进去。一进门，经理就对他嚷道：“怎么可能是这样呢？肯定是……”等他嚷完后，小李才说明了自己的见解，并且认为德国队在下周是不会大胜法国队的。经理听得非常仔细也很入迷，这个时候，他们根本未谈促销的事情。谈了两个多小时以后，小李认为恰到好处便见好就收。他起身告辞，并顺便说道：“既然您如此相信德国队将大胜法国队，那么直播的时候咱们一起看吧？反正那时候您也下班了，到时谁胜谁负不就一目了然了。”商场经理还是希望德国队能赢，于是说：“好吧，咱们电话联系，我一定要看到德国队打败法国队。”在小李要出门的时候，经理顺便说：“听说你准备在我的商场里搞一次牛奶促销活动，这样吧，我们一起好好准备准备。准备完之后，再一起去看球赛。”最后德国队的确把法国队打得大败。但这对小李来说一点都不重要，他更开心的是促销活动举办得很成功。他和经理也因此成了很要好的朋友。

2. 找到共同的兴趣

大多数顾客喜欢的销售人员并不是只顾谈生意的人，而是能够有一些共同话题的人。所以，销售人员应该多花费些心思去了解顾客的爱好和兴趣，力争找到与顾客的共同爱好，在共同兴趣上与顾客达到同频，与顾客做朋友，再争取建立长期的合作关系，那时候就会非常容易了。

有一名叫爱迪斯的小伙子，他创办了一本妇女家庭杂志。正如我们所说的“万事开头难”，在杂志刚创办的阶段，他很想请一些知名的作家为杂志写稿。但是，没有一个稍有名气的作家肯替他这本默默无闻的小杂志写文章。

爱迪斯想尽千方百计，想找一个知名作家先带头为杂志社投稿。经过详细调查后，爱迪斯发现亚尔考德女士是一位很有影响力的名作家，她的作品非常受欢迎。怎么才能说服她为爱迪斯的杂志写稿呢？爱迪斯经过一番了解，得知亚尔考德女士非常热爱慈善事业。于是，爱迪斯从慈善事业入手与她建立交往。当两人关系进一步的时候，爱迪斯提出了请亚尔考德女士向他的杂志投稿的请求。并表示，她每写一篇文章，便送她100元捐款，以资助她的慈善事业。亚尔考德女士觉得爱迪斯真是一位热爱慈善事业的好青年，于是答应了他的请求。

其实，爱迪斯只是把稿费的名义改变了一下，就打动了亚尔考德女士，并慢慢过渡到对这本杂志的好感。爱迪斯的杂志由于有了这位女作家的投稿，知名度越来越高，最终成为很多人都喜欢的著名杂志。

所以说找到顾客的兴趣，和顾客的兴趣同频，是销售成功的一个好方法。

想办法让顾客赏识你

有些销售人员总是疑惑，自己为顾客提供了多方面信息，为顾客提供方便，为顾客创造价值，顾客受到了一定的实惠，为什么还是不赏识自己呢？其实要取得顾客的赏识，除了切切实实为顾客提供实惠之外，销售人员的高深修养和个性魅力也是非常重要的。因此，要得到顾客的赏识除了为顾客着想和与顾客做朋友外，销售员还要具备迷人的推销魅力。

让顾客赏识你的方法：

- 让顾客感觉真正为他着想。
- 推心置腹做朋友（不说批评的话、杜绝主观性的议题、少用专业性术语、实事求是）。
- 提升营销魅力。

1. 让顾客感觉真正为他着想

在与新顾客打交道的时候，刚一开始就让顾客赏识你是不太可能的，这时候你需要做的是让顾客了解你不是去传授知识和说教的，而是为其提供服务和帮助的，是为顾客解决问题和困难的。因此，必须要运用一些让顾客陶醉的方法和艺术。首先，要降低顾客的心理防线。让顾客真正感到我们是在为他服务，而不是从他口袋里掏钱，这样顾客才会在潜意识里接受你。其次，要表现出极强的专业性和极高的热忱，让顾客觉得和你交谈不是在耽误时间，而是对他有很大的帮助，这样顾客才愿意与你交往，对你产生兴趣，慢慢地从心里接受你，认可你，默默地依附于你，放弃自己的心理防线，使你第一步目标基本得以实现。

2. 推心置腹做朋友

俗话说"知人知面不知心"，在实际的交往中，顾客往往会对推销人员产生一种反感和抵触心理，所以，销售人员要得到顾客的赏识，就要向顾客推心置腹，让顾客了解你。

"人以群分、物以类聚"，人人都愿意与自己的兴趣爱好、志趣相投的人一起交往，只要你在营销的过程中，较多地考虑顾客的利益，较少地顾及自身利益，把你的想法真诚地与顾客交流，必要的时候和盘托出给你的顾客，让他感觉到你是他的知音、朋友，这样让他接受你就水到渠成了。如果你真能够和顾客做推心置腹的朋友，你同时会发现，这样做的结果不仅使他成为你忠诚的顾客，而且还会多增加一位为你"推销产品"、进行"口碑宣传"的下线。这样，你的销售就会达到一种事半功倍的效果。如果与顾客推心置腹，需要注意以下几点：

（1）不说批评的话

业务员最忌讳的是说话不动脑子，想说什么就脱口而出，结果伤了顾客自己还不知情。尤其是面对外国顾客的时候，更要先了解顾客所在地的风俗习惯之后，再进行交谈，脱口而出的话语里包含批评，虽然我们是无心去批评指责，只是想打一个圆场、有一个开场白，而在国外顾客听起来，感觉就不太舒服了。

（2）杜绝主观性的议题

在和顾客打交道的时候，与你推销没有什么关系的话题，最好不要去参与去议论，比如政治、宗教等涉及主观意识，无论你说得是对是错，这对于你的推销都没有什么实质意义。

（3）少用专业性术语

喜欢卖弄的人大多遭人厌，销售员也是这样，在顾客面前不要卖弄你的专业术语，与顾客交谈要说一些通俗易懂的话。用顾客听不懂的专业术语来炫耀自己是行内的专家，弄得顾客丈二和尚摸不到头脑，如坠入云雾当中，似在黑暗里摸索，并不能显示出你的博学多才，而是让对方暗生反感，接下来拒绝你便是顺理成章了。这样你就会在不知不觉中失掉了成交的机会。

所以，销售人员在与顾客交谈的时候，不要把顾客当做同人来训练，满口都是专业，让人怎么能接受？既然听不懂，还谈何买卖呢？如果你能把这些术语，用简单的话语来进行转换，让顾客听后明明白白，这才是沟通的艺术，才能达到你推销的目的。

（4）实事求是

销售人员不要为了卖出产品就夸大其词地介绍产品的质量以及功效。对产品的质量以及功效说得不符合实际，在以后的使用过程当中，顾客自会发现。夸大产品的质量与功效，无疑会为自己埋下一颗“定时炸弹”，一旦纠纷产生，后果将不堪设想。

事物都是有两面性的，产品也不例外。作为销售人员要站在顾客的角度，帮助顾客分析产品的优缺点，帮助顾客“货比三家”，买到自己真正需要的产品。如果顾客在听了你的分析后，他还是选择你的产品，那就说明顾客是心服口服地接受你的产品，一旦在使用过程中真的出现什么问题，顾客也会有心理准备，解决起问题来也会比较容易。

3. 提升营销魅力

有些销售人员在与顾客沟通的时候谈吐自如、洒脱利落、游刃有余，这种迷人的营销魅力让人心生羡慕，更得到了顾客的认同、接受。

得到顾客的认可是销售人员的最大魅力，顾客只有在欣赏你这个人的情况下，才有可能欣赏你的产品。销售人员与顾客接触的时间是有限的，要在短时期内让顾客欣赏你，这比任何魅力都难。但是，只要你用心去做，用力去做，并力争做到每一次与顾客接触都给顾客留下一个良好的印象，让他们感觉你非常的优秀，用你的魅力不断冲击、震撼顾客的心灵，让顾客对你形成一种强烈的依附感。这样，你的努力就不会白费了。

作为一名销售人员，培养自己独特迷人的销售魅力是首要任务。所以，在与顾客接触时，要从语言、声音、眼神、态度、行为、表情等多个方面给顾客留下深刻的印象，力争让顾客见你一面就久久难忘，屈从于你的个人魅力。

只要是你的魅力达到了营销的最高水平——情迷之、心服之、行随之，想要顾客不欣赏你都难。所以，销售人员一定要注意培养自己的营销魅力。

第十章

帮助老顾客先富起来

帮助顾客是维护关系的需要，也是使合作关系能持续性维持的需要。顾客没有钱了，你还如何赚他的钱？首先要帮助顾客富起来，才能长久地赚他的钱。

与顾客其实是利益共同体

很多企业习惯把顾客当做上帝，尤其是对一些大顾客更是小心翼翼地伺候着，即使大顾客违规也不敢提出批评。其实，企业与顾客实际上是利益共同体，在强调顾客利益的同时，也要让顾客承担一定的责任，在不让顾客的违规给企业造成一些“麻烦”的情况下，可以让一部分老顾客先富起来。

企业只有把顾客纳入到自己的管理体系当中，让企业与顾客真正成为承担相应利益、责任和义务的共同体，发挥一加一大于二的作用，才能够促进企业和顾客的共同发展。把顾客看成是企业的利益共同体，是一种双赢的策略，不但能够降低交易成本，还能够确保企业的关键资产（顾客）在未来的稳定发展。因为只要不断给予顾客足够的满意，顾客资产就能够为企业带来长期效应。值得注意的是，这里的顾客不仅仅是传统意义上的“对企业具有战略意义的”大顾客，它还包括很多为企业的收入作出贡献的小顾客。在作出顾客取舍前，我们有必要研究小顾客的潜力，或者说潜在价值，如果具备潜在价值就有必要培育，力争把其培养成大顾客。否则，看似丢了一个“芝麻”，实际上则是丢了一个“西瓜”，这也是顾客管理的大忌。

向所有顾客提供同样的基础设施服务，通过让别人先赚钱，再促进自己赚钱，逐渐与所有顾客结成了一个深度的利益共同体是未来企业发展的方向。

顾客赢利就是企业的赢利，企业应该为顾客的每一分成功感到喜悦。顾客每卖出一份产品就等于企业卖出了一份产品，因此企业要为顾客的生意着想，想办法让顾客卖出更多的商品，要像阿里巴巴那样始终坚持“顾客第一、员工第二、股东第三”的原则。

在“中国证监会创业板专家咨询委员会成立大会暨创业板市场与战略性新兴产业发展研讨会”上，在“雅巴”纠纷的背景下，面对逐渐建立起的“国家”公司，阿里巴巴的总裁马云做了富有激情的发言。马云表示，阿里巴巴能够在激烈的市场竞争当中存活下来的主要原因之一就是始终坚持顾客第一、员工第二、股东第三。但是，很多新上市的企业还没有看到这一点，他们往往会将股东放在第一，这样企业的压力就会变大，因为90%的股东只是从财务报表看企业的表现。“你必须要知道你自己要干什么。创业者上市后，仍旧是普普通通的创业者，坚信服务好你的顾客，坚信让你的员工成长，坚信对你的股东尊重。把股东放在第三位，是对股东资源的决策。”马云为自己的企业的发展感到幸福，他说：“今天阿里巴巴给我带来的最大的快乐不是挣了多少钱，而是我们可以用互联网工具去帮助5000万的中小企业服务，通过淘宝改变了中国传统的营销渠道。时代给了我们这样的机会。”

可以这么说顾客是企业的衣食父母，没有顾客就没有企业，所以，企业要始终把顾客放在第一位，把顾客视为自己的利益共同体，帮助一部分老顾客先富起来，带动企业的发展。

顾客的能量就是自己的利润

营销专家孟宪坤说：“帮助顾客成功就是帮自己成功。”如今，帮助顾客就是帮助自己的理念越来越被销售人员推崇。有个销售员这样来描述自己的感受：站在顾客的角度多做一些，就会赢得顾客的信赖，会给公司带来更多的利益。如果总是站在公司角度，只会失去更多的顾客，这样做得不偿失。其实这是一个度的问题，如果真的与顾客发生了冲突，就要站在顾客的角度，抓住顾客的心理，才能为公司创造更大的利益。这也就是说，顾客才是企业的利润来源，只有顾客具有良好的发展势头，顾客与企业的成交量才会上升，企业的利润才能有保障，从这个意义上来说顾客的能量就是企业的利润。

很多企业在为寻找“新能源”（新顾客）发愁，其实如果让顾客得到更多的“新能源”，他们就会具有更多的能量，企业也就能够有更多的利润。

比如，拿某产品销售公司与杂志社的合作来说。杂志社认为他们杂志的读者是比较精准的，也是相对高端的，与某产品销售公司的项目形象定位是相辅的、匹配的。因此，双方如果深度合作，应该会有成效的。而从产品销售公司这一方来说，宣传是必需的，但做好销售也是必需的，公司需要的不仅仅是宣传，还需要通过媒体的线下活动，帮更多顾客带来体验，看似是帮助别人找顾客，其实对于媒体而言，也是自己在寻找自己的顾客，如果能帮助到顾客，实际上就是深度地帮助了自己拓展自己的顾客。

任何一家媒体，包括广播、报纸、电视、网络、户外广告甚至 DM 等，必然有其各自的发行渠道和特定的顾客群，商家只要在这些媒体上刊登广告或发布消息，就会对企业的产品、品牌起到一定的宣传作用，但这并没有直接解决产品的销售问题。对于一个企业而言，品牌建设固然重要，但销售额也同样重要，如果说品牌建设是公司长期的任务，那么，销售额则是公司眼前的任务，公司既要着眼长远利益，又要兼顾眼前的利益，当然，最佳的选择是两者的有效结合和统筹兼顾，但做到这一点，对任何公司来说，都不是容易的事情。

如今在这个信息泛滥的年代，市场竞争更加激烈，产品价格更加透明，对于一些奢侈品来讲，即使有了铺天盖地的广告，也仍然可能无法解决销售的问题。虽然现在的通信手段和信息传递渠道日益增多，但多数顾客更相信自己的体验和朋友的介绍。实践证明，对产品和公司品牌传播而言，任何媒体的传播抵不上口碑的传播。因此，企业与媒体之间，其需要的不仅仅是媒体的广告和信息的线上传播，还需要媒体整合资源，将目标顾客群带到现场来，让顾客自己体验、自己感受，这也是重要的口碑传播。

因此，媒体帮助“顾客”去开拓“顾客”的另一个现实意义是：在帮助顾客的过程中，自己也是在做营销，自己也是在找自己的顾客。试想，组织大批的高端顾客到一个项目上做活动，进行体验，在此过程中，媒体不仅对顾客又多了一个服务的功能，同时，这些高端顾客中也有自己的读者和顾客。这就是双赢的过程。服务顾客，对双方来说，是永恒的、共同的话题，这也再次验证了一个观点：帮助顾客就是帮助自己。要想成就自己，唯一的渠道是帮助别人。

所以说，企业在帮助自己的顾客增加能量的时候，也能够为自己赢得更多的顾客。只有顾客的能量不断增加，企业才能够不断获利，否则一切都是空话。

主观为自己，客观为顾客

主观为自己，客观为顾客是符合利己主义的一种表现，它以个人为目的，以顾客为达到个人目的的手段，它在实现个人目的的过程中，直接或间接地为顾客作出了贡献。

主观为自己，客观为顾客要求企业在达到自己目的的同时，兼顾到顾客的利益，通过赢得、发展、保持有价值的顾客，增加企业收入，优化营利性，提高顾客满意度。通过获得更多的顾客线索、更广泛地共享顾客信息，协同工作，增加收益，提高给顾客的价值，实现企业和顾客的“双赢”。

顾客是企业收入的源头，企业要实现利益最大化，顾客也要得到实惠，如何达到两者的平衡，这就要求销售人员在与顾客合作的时候，坚持

“主观为自己，客观为顾客”的原则。

有人认为顾客与自己的利益是矛盾的，是此消彼长的关系。如果对顾客让出了利润，就意味着自己的公司得到的更少。然而事实证明，这样的看法是狭隘和局限的。只要是企业在主观为自己的同时，客观为顾客获得一些利益，企业和顾客是可以双赢的。这是因为顾客是企业赖以生存的基础，如果没有他们，企业将不复存在，而成功的生意是建立在公平和谐的商业环境中的。虽然在短时间内顾客与企业的利益是此消彼长的，但是从长远来分析，彼此并不矛盾。只有顾客认可了自己的产品，企业才能长远地发展。

在市场经济环境下，价值规律将充分发挥作用，所有活动都按照等价交换的原则进行，这是适者生存基本法则的产物。在市场经济条件下的企业，应当按照这一原则从事一切的业务活动和管理行为，否则，只能是违反市场经济的规律，逆时代和潮流而动，将会被慢慢地摒弃。

据说在英国有一个大作坊主，在经济危机来临的时候，他的工厂和其他人的工厂一样陷入了困境，产品卖不出去，资金周转不开，物价暴涨，他面临着破产的危险。于是他赶快提高产品的价格，并采用较差的原材料以减少成本，减轻经济负担。然而他的做法不但没有减轻经济危机的影响，而且还加速了企业的破产。

相反，有一个小作坊主，在经济危机来临前根本不是那家大作坊的对手，但是在经济危机中，小作坊主不但保持产品的质量，而且还降低了产品的价格，对顾客让出了3%的利润，以期和顾客一起渡过难关。这让顾客们不胜感激。那时候，3英镑还是个不小的数目，足以维持一个中等收入家庭一天的基本生活。

实践证明，让出3%的利润带来的效益是无法用具体的数据计算的。本来就买不起产品的顾客却因为心存感激，纷纷预订小作坊的产品，并预付了很大的一笔费用维持工厂周转。小作坊主的付出竟然使这个手工作坊慢慢渡过了难关，又一步步发展壮大，最终成为英国一家著名的电器公司，拥有的资产超过了千万英镑。

从小作坊主的经营当中，我们可以看出一些经营之道。企业与顾客是唇齿相依的，当别人都在纷纷涨价的时候，小作坊主却下调了价格。他懂得对顾客感恩，为顾客着想。即使他自己也面临着巨大的困难，但是他选择了和顾客共同面对。顾客会记住那些同自己一路走来的商户，彼此之间不可调和的矛盾变成了合作互利的关系。这就是“主观为自己，客观为顾客”原理的具体体现。

赢利是自己公司的头等大事，也是顾客企业经营的重要事项，你关心的事，正是顾客关注的事，只是角度不同而已。你在乎多卖货、卖好价，而顾客在乎买对货、买好价、买合作。所以，企业在实现自己目的时候，要站在顾客经营的立场上，为他们多思考一些，成为顾客的自己人。

顾客销售的产品多了，自然就要购买自己的产品，这种顺水推舟的功夫，是销售人员应该具备的基本功。

取得成功是共同的目标

企业与顾客是利益共同体，只有通过共同的为整体目标的努力，实现整体目标的成功和获得，才能实现自己的所得和成功。如果过分强调一方的价值和利益，而忽视整体的目标，那这个企业和顾客的合作就不会长久，一旦合作出现问题就一定是大问题。

然而，现实当中仍然有些企业过分强调自己的利益，过分强调企业自己的成功，对顾客责任一点都不强调，结果企业的顾客纷纷选择了逃亡。

企业和顾客要一起取得成功，就要注意以下问题。

1. 产品的价格

所谓赔本的生意没有人做，所有生意的本质都是一样的，都是为了赚钱。企业要想在留住顾客的基础上获得丰厚的利润，就要善于运用定价策略。最好是产品的价格既要低到让顾客开心地掏腰包，又要高到能为企业带来丰厚利润。如何做好这一高一低之间的权衡呢？

一篇题为《制定有竞争力又能赢利的价格》的文章指出，要让产品价格既有市场竞争力又能为公司赚取利润，关键是要明确五个方面的问题。

第一，产品的直接成本是多少？产品的直接成本是较容易计算的，它包括原材料成本、劳动力成本，等等。

第二，生意的间接成本是多少？间接成本主要是指企业的一般管理费用，包括保险金、广告费、租金、办公费用等。尽管这些费用与产品成本没有直接关系，但你需要知道都有哪些支出，以便制定出涵盖间接成本的销售价格。

第三，收支平衡点在哪里？收支平衡点意味着既没有损失也没有利润。你必须要清楚，售出多少单位的产品，才能收回成本，开始赢利。打比方，如果收支平衡点是每月售出 20 个单位的产品，但市场的实际表现是只能售出 10 件，那么就有必要重新评估你的商业模式了。

第四，竞争产品的价格是多少？观察竞争产品的定价，看看自己的产品是否很好地匹配了现行市场。但也不要只关注价格。光靠价格竞争的小公司在市场上通常待不长久。你还要关注自己的内部流程，看在哪些环节能够增加价值、降低成本，增加哪些能更好地满足顾客需要的价值，将有助于制定赢利性更强的价格。

第五，产业现状以及整体经济环境如何？在计划新产品的时候，必须考虑到大环境对生意的影响。去年热销的产品也许今年就会被冷落。所以只有把握好市场的脉搏，才能持续作出好的商业决策。

2. 企业内部需要做好哪些方面的工作

企业要和顾客一起实现成功的目的，就要从上到下一起支持和顾客的合作关系。尤其是销售人员，在工作推进中会遇到许多困难，因此，销售人员的素质是至关重要的，必须精心挑选那些能够洞察顾客需求，懂得如何动员、组织开展新的工作的优秀人员进行培训，并组建专门的小组负责和顾客的联络工作。

一旦企业和顾客确定了合作目标，企业就应该尽其所能，全身心地投入，贯彻始终。为了使企业和顾客的共同目标尽快地达成，在工作当中，还要奖励那些在与顾客合作当中能够全面了解顾客的业务结构和经营理念，源源不断地向他们提供新的思路，敢于打破常规，大胆创新的人员，使优秀的销售人员能够脱颖而出。

帮助顾客既是策略，也是责任

企业帮助顾客就是帮助企业自己，顾客市场占有率的提高，即是企业竞争力的提升。企业为顾客提供行之有效的问题解决方案，不但能够帮助顾客成功，而且还能够促进双方的可持续发展，成就双方价值的最大化。尤其是在如今市场竞争非常激烈的时期，哪个企业拥有了顾客，哪个企业就拥有了市场。因此，帮助顾客既是企业的策略，也是企业的责任。

帮助顾客提升竞争力，能形成企业新的竞争优势，但企业必须非常了解重点顾客的业务，特别是他们所面对的市场需求情况。为了寻找潜在的市场机会，需要对顾客业务战略、顾客本身以及顾客所面对的市场有一个深入的了解，要有分析、研究和策划的技巧、开放的思想及开拓创新的精神；同时还要对顾客的灵活性、创造性和经验充满信心。由于帮助顾客需要耗费大量人力物力，所以，并不是要求企业无条件地帮助所有的顾客。企业在帮助顾客的时候，要有选择性的进行，要把主要的人力、物力用在重点顾客身上。在执行时，必须与顾客结成团队，寻找对其具有重要价值的机会，并帮助付诸实施。

1. 如何帮助顾客发掘潜在市场机会

这种方法既可以用于消费类产品市场，也可以用于工业类产品市场。下面举两个例子：

- 消费品案例

某包装食品厂家与一家连锁超市合作进行了一次店内调查。调查的内容是：在品种繁多、分类摆放的冷冻食品中，顾客是如何最先注意到某类商品并进行选购的。调查历时两个多月，通过观察，该商店彻底改变了冷冻食品在冰柜中的陈列方式。其中之一是在各连锁店拆掉妨碍顾客选购的玻璃门，这一改变使这些高利润商品的销售大幅度增加。这一切都源于厂家而非商店的主动精神。这种改善带来了更多的新的“改善”和提升竞争能力的契机。

此后，针对特定的消费群特征，这家包装食品企业不断为连锁网络中的各个商场推出定制式的促销方案。现在，双方已经有了一个业务促进活动的年度合作日程安排，大家都能看到并分享合作带来的利益。

- 工业品案例

在美国中西部，有一家大型商业印刷公司，该公司运用同样的方法，为重要的顾客，也为自己创造出全新的价值。

大批量的印刷业务，如产品目录或黄页的印刷，常被等同为一般的大宗货物买卖进行：谁的报价低，谁就能赢得生意。但该公司却非常了解它的几个重点顾客的业务及其经营理念，通过向他们提出一系列财务变革的方法，帮助顾客降低了经营成本。公司在和一个顾客为时三个月的合作过程中，依次完成了下面五个阶段的工作：第一，分析了顾客的核心业务——向消费者提供何种产品和服务？如何提供产品和服务？怎样推广这些产品和服务？以什么方式购买印刷产品和服务？等等；第二，该公司发现：在双方的一些业务交往中，顾客并没有很好地利用印刷公司特有的灵活性和速度优势，而有效地利用这些优势为用户提供更多的服务，有可能为顾客带来更高的利润；第三，对于顾客所进行的新产品开发活动，公司为其研发项目提供检测和资金方面的帮助，之后，该公司就成了唯一能满足整个项目需求的厂商；第四，监控顾客新业务所带来的销售反馈，并了解顾客满意度，公司成为推动顾客新业务发展的幕后动力；第五，这次成功的合作强化了公司与顾客的关系，同时扩展了自己的业务范围。

在合作过程中，该印刷公司小组人员与顾客在各个组织层次上竭诚合作，组成了一个极具战斗力的团队。

在发掘市场潜在机会的过程中，往往要求双方共享敏感的内部信息，包括成本与利润数据及个别最终用户的销售记录。因此，深入寻找市场潜在机会的工作，只能提供给那些值得信赖、彼此尊重的顾客。很多情况下，良好的合作伙伴应该是那些具有多种需求的大顾客，并且这些顾客的实力通常比较强大，否则他们将无法在企业的帮助下开展新业务。

2. 发掘市场潜在机会的条件与准则

要成功实现这一工作，就应该做到以下几点：

①确使企业最高管理层支持这种合作关系，让销售人员享有工作成果。因为在工作推进中会遇到许多挑战，因此销售人员的素质是至关重要的，必须精心挑选、训练并组建工作小组。应选用那些优秀人员，他们能洞察顾客的需求，并能保密；他们能够分析一项业务的商业价值，也懂得如何动员、组织开展新的工作。

②一旦同顾客确定了合作目标，就应尽公司所能，全身心地投入，贯彻始终。

③奖励那些在工作中出谋划策，并能将构思付诸实施的人员。以新颖、不受陈规约束的方法与顾客进行合作，将能使优秀的销售人员脱颖而出。

对顾客仅仅做到洗耳恭听是不足以维系合作伙伴关系的。必须全面了解顾客的业务结构和经营理念，源源不断地向他们提供新的思路，使其充分发挥自身潜力。要让更多优秀员工直接接触顾客的业务，帮助顾客发掘更多潜在机会。帮助顾客就是帮企业自己，顾客市场占有率的提高，即是企业竞争力的提升。

著名经济学家张维迎在其《市场的逻辑》一书中说，市场的基本逻辑是：如果一个人想得到幸福，他（她）必须首先使别人幸福。通俗一点讲就是：利已先利人。日本管理学家稻盛和夫也有类似的言论——“自利则生，利他则久”，他的“利他经济学”不仅帮助他成就了3个世界五百强企业，也得到越来越多的国内企业家的认同。现在，越来越多的企业把帮助顾客，就是帮助自己，当成一种经营理念。很多企业在开拓市场、开发顾客的工作中，都从帮助顾客做起。

帮助顾客，就是帮助自己，这方面的例子不胜枚举。

一天，顾客和小康谈完生意之后就匆匆忙忙地赶往机场。结果在顾客离开后，小康发现顾客把一份市场调研表掉在了会议桌下，该表是顾客对同类产品价格调研的结果。如果没有该表，顾客很可能就不记得哪家公司的产品价格比较低了。虽然小康所在公司的产品价格与该调研表上的几家公司相比并不占优势，但是想到顾客丢了这张表肯定很着急，于是就立刻打车到机场去追顾客。

在去机场的路上，小康一直催促司机尽量开快点车。在那个顾客将要登机的时候，被小康叫住了。当小康把那份价格表递到顾客手中的时候，顾客非常感动。那个顾客回到公司的第二天就给小康打电话商量签单的事情，他说："我不需要再调研了，和你这样的人、这样的企业签合同我很放心。"

总之，帮助顾客需要付诸行动。帮助顾客可以从方方面面进行，比如与顾客生产、技术部门沟通，搞清楚他们遇到的问题，或者与采购、财务部门人员聊天，了解顾客的销售情况，针对顾客出现的问题，及时给予帮助。还可以进一步了解顾客所在企业的性质和投资理念，在企业的可持续发展上面提出有效的建议。不管是不是对顾客生意上的帮助，顾客都会非常感激，并因此产生好印象，使你们的合作更加长久。

帮助顾客做推广宣传

如今酒香不怕巷子深的年代早已成为了过去时，广告宣传在现代销售当中起到很大的作用。往往是哪个企业的产品广告做得好，哪个企业的产品销售量大。所以，企业要想做好销售必须重视广告的力量。然而企业的销售量很大程度上由顾客的销售量来决定，所以，企业在做好产品推广宣传的时候，也要主动帮顾客进行推广宣传。

推广宣传的方式有很多，比如，打广告、促销、搞活动，等等。具体怎样帮助顾客做推广宣传，要对顾客基本情况做好市场调研以后，才能选择具体的方式。

调研顾客基本情况的方法：

- 做好顾客所面临的消费者的基本信息调研。
- 做好销售商的营销渠道分析。
- 了解销售商的营销方式与推广策略资源。
- 分析顾客行业地位，竞争对手情况。

第一，做好顾客所面临的消费者的基本信息调研。想要帮顾客做好推广宣传，首先要了解顾客所面对的消费人群，使用各种指数分析与亲自进行市场调研，明确这些人的消费情况，以及同行业做类似推广的平均转化率之类的，做一次推广活动大概能够带来多少新的用户。

只有调研清楚消费者的消费需求，才能制作出有针对性的营销策略。如果消费者需要的是高质量的产品，企业就要从质量方法着手帮助顾客做推广宣传；如果大多数消费者关注的是产品的价格问题，那么企业就要想方设法降低产品的价格，从产品价格方面帮助顾客做推介宣传。

第二，做好销售商的营销渠道分析。通过了解销售商的营销渠道，结合顾客的实际情况做一个分析，以便扬长避短，凸显顾客的优势。在这方面要了解顾客的主要竞争对手和行业内做得比较出色的公司，每个公司目前的市场份额，运营特色，产品所具备的核心竞争力是什么，以及目前的营销方式，是直销还是走代理渠道。

第三，了解销售商的营销方式与推广策略资源。无论是什么产品都有特定的一些热门关键词或者是品牌词，而这些一般是销售商首选的推广关键词，那么顾客如何在众多的销售商中脱颖而出，而且能够实现把资金都投放在刀刃上是制胜关键。而分析销售商都采用了哪些营销推广方式，比如都在什么平台投放了什么广告，都选择了哪些关键词进行优化。这些都会通过专业的网站诊断服务中竞争对手分析中进行详细的剖析。

第四，分析顾客行业地位，竞争对手情况。只有帮顾客分析清楚，他在行业中所处的位子，才能帮助顾客明确，应该采用什么样的方式进行产品推广宣传才更有效。

以上是企业在帮助顾客做推广宣传之前所要了解的情况。企业在充分了解了顾客的情况后，再根据顾客实际的情况，作出适合顾客推广的针对性方案，根据现在顾客所处的发展阶段引导顾客怎么去投放广告，投放到哪里，投放多少预算，在各个阶段应该怎样投放，等等。然后再根据具体需求选择媒介、关键字、广告创意、出价等。在每一个投放阶段都要及时与顾客保持沟通和效果反馈，并根据实际情况再做调整，帮助顾客实现花最少的钱，收益最佳的推广效果。

帮助顾客拉顾客

有的销售人员把顾客当做自己的竞争者，时时刻刻想着去防备、隐瞒、欺骗顾客，唯恐顾客了解了自己的真实情况之后，从自己手中抢走了顾客。事实上，有这种想法是不正确的，顾客与自己应该是双赢的关系：你帮助顾客赚到了钱，同时自己也会赚到钱，既达到了双赢的目的，同时也会让顾客很感激你，以后会更加愿意与你合作。

阿里巴巴的赚钱模式就是帮助顾客赚钱。马云说："我们成立了阿里巴巴学院，我们对顾客进行培训。顾客不成长，阿里巴巴不会成长；顾客都完了，阿里巴巴也就完了。"同样的，如果一个企业没有了顾客，那么企业也就完了。所以，作为企业，作为销售人员不应该害怕顾客拉走了自己的顾客，而是要主动帮助顾客拉顾客。任何生意的生存之道，都是经营者与顾客的战略共赢。帮助顾客，也是帮助自己。只有明白了"帮助顾客赚钱，也是帮助自己赚钱"的道理，才能找到有效的经营之道。

古语云："水能载舟，亦能覆舟。"对于一个企业或者销售人员来说，自己就是"舟"，顾客就是"水"，要想让水载舟，首先得让顾客认可你，而要让顾客能够认可你的方法，莫过于你曾经帮助他，并使他成功。世界500强企业之一的通用电气公司能够做大做强有很多的因素，但是其中一个很重要的因素就是它能够帮助顾客成功。海尔总裁张瑞敏也说过："海尔成功的秘诀就是海尔不断地帮助顾客赚钱，所以海尔才能赚大钱。"

成功的商人都明白，自己的顾客越赚钱，自己就会越赚钱。你对顾客付出，帮助顾客成功，其实就是在帮助自己成功。如果你是生产厂家，顾客就是各个销售你的产品的商场或者专营店，如果他们成功了，就意味着你的产品销路很好，你就能依赖他们的成功取得成功。反之，他们没有顾客，产品销售不出去，关门倒闭，那么你作为厂家自然也要关门。所以，帮助顾客拉顾客其实就是在为自己拉顾客。

小陈做业务十几年来，一直坚持每月都到顾客的店里面去看看，虽然很多的时候，都没有什么大的事情，但是，他还是坚持着去看看，看看方案的执行情况，看看现场的布置情况，看看顾客购买的行为以及对活动方案内容和形式的反馈，看看客流量情况，看看有没有什么需要调整和改进的地方。一些顾客能够和小陈合作多年，就是因为小陈总是很细心地发现顾客方面出现的问题，并且能够帮助顾客及时解决问题，不但避免了顾客的顾客流失，而且为顾客拉来了很多新的顾客，让顾客的生意总是红红火火。

小陈认为，为顾客策划销售方案是企业的责任，企业一旦为顾客策划了方案，就有责任帮助顾客更好地实施这个方案，而方案执行过程中的及时调整和改进，就是让顾客吸引更多顾客的最佳方法。

顾客和企业合作，就是希望企业能够帮助他们，能够让他们的生意更好，获得更多的收益，所以企业要不遗余力地为顾客的销售着想，不惜一切帮助顾客拉顾客。因为照顾好顾客的生意，就是照顾好企业自己的生意！

帮顾客提升市场竞争力

企业要想赚钱，就要先帮助顾客赚到钱，这已是企业界的公理了。无论是哪家企业，要想在生意场上获得胜利，就必须要依赖顾客的帮助和支持。

顾客要获得更多的利润就要不断地提升市场竞争力。因为，只有市场竞争力提高了，市场份额才能够提高。顾客的市场份额提高了，顾客对产品的需求量就会增加，那么企业的收益也会随着增加，所以企业有责任帮助顾客提升市场竞争力。

而顾客销售的产品来源于企业，所以，从某种意义上来说，企业的市场竞争力提高了，顾客的市场竞争力也会随着提高。企业要想帮助顾客提升市场竞争力，就要提升自身的市场竞争力。

随着企业面临的全球市场竞争日益激烈，决定性的竞争优势来自于三方面能力的综合运用，即持续不断的创新，始终以顾客为中心，以及新供应链战略的快速执行。

为了保持技术优势、强化核心竞争力，对于多数企业来说，市场竞争已经从传统的产品和企业的竞争，延展到相关供应链的竞争。如今，除了提高内部流程的一体化水平、加强核心竞争力，以及改进生产与外包战略以外，具有竞争实力的供应链还必须从顾客扩展到制造商、所有供应商及合作伙伴。

打造具有竞争实力的供应链的方法：

- 成立终端用户业务咨询部门。
- 设立产品用户体验。
- 提供规划和性能服务。
- 销售员培训。

1. 成立终端用户业务咨询部门

生产企业可以为用户提供各种各样的业务咨询。对企业来说，能否做出最佳的业务决策对企业至关重要，甚至决定着企业的生死存亡。每一个错误的业务决策都可能产生额外的成本，而相反地，每一个正确的业务决策却能够增加利润。企业建立用户业务咨询部门，为终端用户提供良好的业务咨询，可以提高产品的口碑，从而促进顾客提升市场竞争力。

2. 设立产品用户体验

在激烈的市场竞争当中，各个企业更加关注用户的满意度，为用户提供便捷的高质量的产品使用体验，能够帮助品牌快速树立口碑。更迅速的业务部署和改善用户体验能够让企业保持已有顾客并吸引新用户，从而增加利润。

3. 提供规划和性能服务

随着新技术的不断涌现和技术复杂度的不断增加，如何优化产品的性能和提高资源的利用率，以及如何提高用户感知的服务质量是企业亟待解决的问题。

企业可以为顾客提供几种产品规划和性能服务解决方案或能力，以帮助顾客规划和优化业务。例如，企业可以对现有的产品进行评估并确定其发展的基准，然后在进行如何提高产品性能的规划，以便优化产品性能质量，从而与其发展规划相匹配。与此同时，企业将变得更有竞争力，可以获得更高的投资回报，还能够增强运营能力并改善用户体验。

4. 销售员培训

企业为顾客培训具有娴熟专业技能的销售员是企业帮助顾客提高竞争力的另一个重要手段。企业为顾客提供在销售技术和技能方面的培训项目对于提高销售员素质和用户的满意度来说是十分必要的。如果企业能够为顾客培训出优秀的销售人员，就能提高产品的销售额，从而提高企业的收益。

为了确保销售人员真正掌握所需要的销售技能，企业还要对培训效果进行后期评估。只是简单地安排培训并假设销售人员能够达到培训效果显然是不够的。企业对产品的销售方法要提供一套完整的学习方案，确保通过培训服务。顾客在技术和市场日新月异的今天，可以充分挖掘利用销售人员的全部潜力。

企业可以试着从以上几个方面来帮助顾客提升市场竞争力，并要在实践当中不断总结帮助顾客提升竞争力的有效方法。

第十一章

顾客关系生命周期管理

对顾客关系进行生命周期的管理，目的只有一个，就是发现和维护老顾客，保持企业利润的长期可持续性。对顾客关系生命周期实施管理的思路很多，“细分化”是很实用很有效的管理方法。

作为企业的重要资源，客户具有价值和生命周期。客户生命周期理论也称客户关系生命周期理论，是指从企业与客户建立业务关系到完全终止关系的全过程，是客户关系水平随时间变化的发展轨迹，它动态地描述了客户关系在不同阶段的总体特征。对顾客关系进行生命周期的管理，目的只有一个，就是延长顾客关系生命周期，保持企业利润的长期可持续性。要延长顾客关系生命周期，就要掌握顾客关系生命周期不同阶段的工作重点，借鉴成功管理的经验，实施有效的管理。

顾客关系生命周期管理分析

顾客关系是公司最宝贵的资源，由于顾客关系对公司的重要性，许多公司纷纷实施顾客关系管理（Customer Relationship Management，CRM）战略，以保持住有价值的顾客。但是，顾客关系有一定的时间依赖性，要做好顾客关系管理，就要了解顾客关系发展的动态特征，也就是顾客关系的生命周期。

生命周期是一个普遍现象，被广泛应用于解释一个主体从开始到结束的发展过程。一个生命周期通常包括诞生、成长、成熟、衰退或死亡等阶段。生命周期理论是一个十分有用的工具，将其引入顾客关系的研究可以清晰地洞察顾客关系发展的动态特征。顾客关系生命周期概念是传统营销理论中产品生命周期概念在顾客关系管理中的移植。顾客关系的生命周期是指的所有顾客关系都要经历的建立、成长、成熟、危机和解约以致终止的过程。

【案例】

戴尔公司顾客管理

戴尔计算机公司的电子商务站点 www. dell. com 借鉴了戴尔已有

的业务模式：将产品直接销售给最终用户；只有在获取订单之后才生产，保持最小的库存量。不仅如此，Dell. com 还扩展了这种直接业务模式，将自己的市场、销售、订货系统以及服务和支持能力连入顾客自己的互联网络。通过这种方式，戴尔公司获得了巨大的成功。

互联网的发展促进了电子商务时代的来临，戴尔公司的管理层很早就认识到网上的电子商务将提供一个新的机会。通过互联网，公司可以更好地扩展自己的直销模式，可以帮助公司直接接触到更多的消费者，并以低廉价格提供更多的服务。于是，1995 年，戴尔公司建立了戴尔在线网站，网站致力于规划和实施公司的互联网行动，包括电子商务和在线技术支持。这一努力的成功是显而易见的。今天，戴尔公司 1/4 的收入来自于戴尔在线。同时，网站为戴尔公司节约了大量成本，公司花费在顾客服务方面的电话时间大量减少，大大节约了公司的运营费用。

戴尔在线的目的是最大限度地满足顾客的需要，使公司更快捷、高效的运转，产生更大的效益，以下是公司网站的主要目标：

更准确快捷地了解顾客需求，有计划地组织生产；

提供直销服务，网上查询和预订；

降低公司库存，根据顾客订货组织生产；

顾客个性化服务；

网上故障诊断和技术支持；

降低公司运营成本。

戴尔公司不断改进自己的网站，同时也获得了巨大的成功，以下将简要介绍公司的成功因素、网站功能，以及从中获得的经验教训。

1. 创新的经营理念

戴尔公司在创始之初就坚持其“黄金三原则”：第一，摒弃库存；第二，坚持直销；第三，让产品与服务贴近顾客。这三项原则极大地降低了公司的成本，产生了一种新的经营方式，一种不同于传统企业的生产模式。

直接掌握销售信息，确定销售标准，与顾客直接联络，满足顾客的个性化设计，接受订单之后投产的生产模式。

2. 顾客自定义服务

戴尔在线通过自助服务保持与顾客的联系，网站创立之初就希望能够绕过在计算机工业中常见的大量中间销售环节，直接面对顾客销售。因为这些环节只能增加计算机的成本而不能提高计算机的价值。戴尔公司将大部分注意力集中在针对最终用户的直接市场活动、直接销售和直接技术支持上。

戴尔公司让顾客自己在网上获得信息，并进行交易，主要包括：

顾客自助查询产品信息；

顾客自助查询订货数据、支付或调整账单，以及获取服务；

顾客根据自身情况，自由选择获取信息的通信工具（包括电话、传真、邮寄或 E - mail 等）；

网上故障诊断和技术支持。

戴尔公司建立了一个全面的知识数据库，里面包含戴尔公司提供的硬件和软件中可能出现的问题和解决方法，同时还有处理回信、交易和备份零件运输等的处理程序和系统。所有这些基础结构——用户数据库、产品信息和帮助知识数据库都在戴尔公司的网站上得到很好的运行。

3. 根据订货组织生产

戴尔公司的目标是实现“零库存”。通过精确迅速地获得顾客需求信息，并且不断缩短生产线和顾客家门口的时空距离的方式，戴尔公司在全球的平均库存天数不断下降。据调研数据表明，戴尔公司在全球的平均库存天数可以下降到 8 天之内。库存下降降低了公司的成本，同时能从一个高度价格竞争的行业中抢占大量的市场份额。因为在计算机行业中技术的快速变革意味着每一台库存的计算机从它被生产出来开始就可能过时了。如果只在得到订单的情况下才生产计算机，就可以避免在库存中保留过时计算机的风险。戴尔解释说："在我们的行业里，如果你能让人们认识到库存是多么快的运动着，你就创造了真正的价值。为什么？因为如果我有十一天的库存而我的对手有八十天的，这时英特尔公司推出了新的四百五十兆赫兹处理器，那么我就能够领先六十九天打入市场。"

4. 个性化服务

戴尔公司允许顾客自定义设计其喜欢的产品，顾客可以自由选择和配置计算机的各种功能、型号和参数，戴尔公司根据顾客的要求进行生产，满足顾客的个性化需求。戴尔公司能够根据顾客特定的需求为他们量身定做，真正做到了"以顾客为中心"。在为顾客提供更好的服务的同时，公司也获得了更多的利润。

以顾客为中心是顾客关系管理理论中最基本的管理思想，顾客决定着购买的选择，让顾客满意才能赢得顾客，因此企业在经营的过程中的核心问题之一就是如何发现、发展、保持和挽留有价值的顾客。但是，顾客和企业之间的关系不是固定不变，而是呈周期的规律出现的。对顾客关系生命周期的各个阶段的划分，以及对其特点进行研究，并据此进行管理，对企业来说具有重要的现实意义。

顾客关系的生命周期可以抽象的概括为四个阶段：关系的开始、关系的发展、关系的成熟、关系的倒退。据此，我们可以将顾客关系的发展概括为考察期、形成期、成熟期、衰退期四个时期，或者将顾客关系的发展细分为潜在期、开发期、成长期、成熟期、衰退期和终止期六个时期。

在此，我们借鉴四阶段理论对顾客关系生命周期管理进行初步的探讨

(见图 11-1)。企业需要完整的管理顾客关系生命周期，并借此确立或保持在竞争中的优势。对于企业而言，顾客需要企业提供的产品或者服务并对此进行了解、比较，这类顾客即潜在的目标顾客，企业可以通过进一步的接触，把这类顾客发展成企业的顾客，这就是顾客关系生命周期的接触期。当潜在顾客选择了企业提供的产品或者服务时，顾客和企业的关系会发生质的变化，顾客形成期就开始了。进入顾客形成期的顾客选择成为企业的长期顾客，于是顾客关系生命周期就进入了成熟期，这是一个相对稳定的阶段，也有的人把这个阶段叫做稳定期。顾客关系就如其他生命一样，有自己的生命周期性。成熟期内的顾客会逐渐进入衰退期，并且最终顾客与企业会中止合作，这时就意味着顾客关系生命周期的终止。

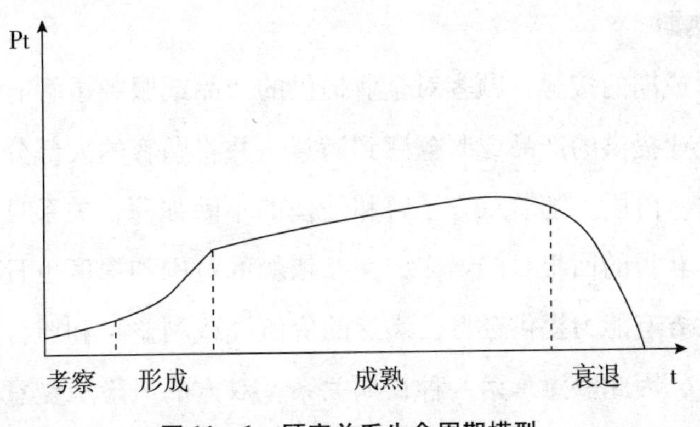

图 11-1　顾客关系生命周期模型

1. 考察期

顾客因自身需要收集并分析产品或服务的信息。在这一阶段，消费者会借助各种渠道、依照自己的各种指标对供应商进行排序，选择几家进行接触，以便更清楚地了解产品的各种指标，以及与自己需求之间存在的差异，并在接触中考查供应商各种软硬件设施的性能，对潜在的各种风险进行评估。该阶段消费者处于主动地位，但将面对企业以及产品的不对称信息。而企业在这一阶段正在准备对潜在的顾客进行分析、挖掘，找出可开发的目标顾客。因此双方建立初步的接触，企业需要投入大量的财力、人力，但顾客尚未做出购买举动，在这一阶段顾客对企业的贡献几乎没有。

2. 形成期

在这一阶段顾客开始购买企业提供的产品或服务，真正意义上的顾客关系由此建立。双方关系能进入这一阶段，取决于顾客满意度、忠诚度的提高。在这一阶段，双方从关系中获得的回报日趋增多，交互依赖的范围和深度也日益增加，逐渐认识到对方有能力提供令自己满意的价值（或利益）和履行其在关系中担负的职责，因此愿意承诺一种长期关系。在这一阶段，随着双方了解和信任的不断加深，关系日趋成熟，双方的风险承受意愿增加，由此双方交易不断增加。企业在这一阶段对顾客的投入比接触期少，主要让顾客对企业提供的产品或服务有进一步了解，提高顾客的满意度、忠诚度。

3. 成熟期

通过形成期的接触，顾客对企业提供的产品或服务了解有了进一步加深，并对企业提供的产品或服务感到满意，并将顾客的大部分业务与企业交易。在这一阶段，随着双方了解和信任的不断加深，关系日趋成熟，双方从关系中获得的回报日趋增多，交互依赖的范围和深度也日益增加，逐渐认识到对方有能力提供令自己满意的价值（或利益）和履行其在关系中担负的职责，因此愿意承诺一种长期关系，双方的风险承受意愿增加，由此双方交易不断增加。

4. 衰退期

这一阶段是顾客关系发展过程中关系水平逆转的阶段。顾客因为对企业提供的产品或服务不满意，或顾客自身因素对企业的业务出现大幅度的下降，并最终中止与企业的往来，至此企业和顾客的顾客关系生命周期结束。需要注意的是关系的退化并不总是发生在稳定期后的阶段，事实上，在任何一阶段关系都可能退化，有些关系可能根本没有到达成熟期就退化了。引起关系退化的可能原因很多，如一方或双方经历了一些不满意；发现了更适合的关系伙伴；需求发生变化等。退化期的主要特征有：交易量下降、一方或双方正在考虑结束关系甚至物色候选关系伙伴（供应商或顾客）、开始交流结束关系的意图等。

总之，顾客关系是一个具有生命周期的过程。在顾客生命周期的不同阶段，顾客对企业收益的贡献是不同的（见表11－1）。顾客关系阶段的划分是从动态角度理解顾客关系的形成、发展、维持与解体过程的基础，是研究顾客关系生命周期的起点，是提高企业收益的根本，因此，研究顾客关系生命周期具有十分重要的意义。

表11－1　　顾客关系生命周期四阶段及特征

阶段	特征
考察期	关系的探索和试验。双方考察和测试目标的相容性、对方的诚意、对方的绩效，考虑如果建立长期关系双方潜在的职责、权利和义务
形成期	关系的快速发展。关系日趋成熟，双方的风险承受意愿增加，由此双方交易不断增加
成熟期	关系处于相对稳定状态。双方对对方提供的价值高度满意；为能长期维持稳定的关系，双方都做了大量有形和无形投入；高水平的资源交换，即大量的交易
衰退期	关系水平逆转。交易量下降

在顾客关系生命周期的不同阶段的工作重点

任何事物的发展都是有一定的阶段，顾客和企业的合作关系也是一个由相互陌生到开始接触再到日益成熟的发展过程。每个发展阶段的顾客，对企业的价值也不一样。我们在对顾客关系进行了生命周期分析之后，就可以针对不同阶段的顾客关系的不同特点实施有效的管理，以便延长顾客关系生命周期，给企业带来更大的收益（见表11－2）。

表 11－2　　基于顾客生命周期不同阶段的关系策略

	吸引	挽留	延伸	充分运用
顾客	强调顾客获取支出；强调促销和直销；突出推荐与参照能力	强调质量、选择性和使得性；改善顾客服务，实施忠诚营销项目	扩展涉足新的产品市场；提供互补服务；开拓新渠道和接触点	推荐伙伴；向现有顾客转售第三方产品；通过提价来提高赢利
供应商	识别与企业需求和能力最匹配的供应商；强调供应商的开发与培训	通过合作计划提升供应商的赢利性；签订风险与回报共享合约	巩固供应商基础；增强与供应商的密切程度；扩大供应关系	利用供应商的作业来创造“终端对终端虚拟制造系统”；进行延伸并与供应商的供应商建立关系
渠道伙伴	提供销售诱因；对渠道营销和合作广告进行投资	通过合作营销提升转售商的赢利性并为其提供支持和培训	管理转售商的库存和业务流程；对转售商的市场覆盖范围进行投资	运用转售商的伙伴网络；安排第三方企业与渠道伙伴建立关系
员工	在招聘和推荐方面进行投资；提供启动奖金和其他诱因以便鼓励加盟	强调培训和学习；提供挽留诱因如期权制度等；创造提升或其他获益机会	扩展技能与经验基础；强调跨边角色	帮助培训和指导新员工；获取隐性知识以便最大化组织学习收益

1. 接触期顾客关系管理工作重点

在这一阶段，企业与潜在顾客还没有发生业务交往，真正意义上的顾客关系尚未建立。企业营销活动的对象是那些对自己的产品或服务感兴趣的潜在顾客。因此，说服和刺激潜在顾客是这一阶段顾客关系管理的中心工作。

这个时期潜在顾客对产品还不太了解，企业应该做的是尽量避免潜在顾客流失，使顾客尽快熟悉产品。帮助顾客熟悉产品的特点和效用从而吸引顾客，为后续业务开展奠定基础。营销人员应该做的是让自己的商品或服务引起潜在顾客的注意，激发他们的兴趣和购买欲，促使他们尽快做出购买决策，与之建立起良好的关系，从而使潜在顾客变成现实的顾客。另外，企业还应满足顾客期望值，确保顾客满意，建立基本信任，驱动新顾客尽快越过接触期，进入形成期。

接触期建立顾客信任的主要因素：①适当的投资——如提供商品试用，让潜在顾客进一步了解商品；②积极、有效的沟通——使顾客相信选择我们作为合作伙伴是有价值的；③企业良好的信誉和快速提供服务的能力——这对顾客信任的建立将起着助推器作用。

2. 形成期顾客关系管理工作重点

形成的顾客知道要做什么，知道自己需要什么东西，交易频率逐渐提升，交易额越来越大。该类顾客已经和企业有了良好的接触并且初步建立了信任，但是波动仍然很大，如果处理不好也许将直接跳过成熟期，走向退化期。

在这一阶段，企业工作的重点是不断提供更高水平的服务，赢得顾客满意，巩固和加强接触期建立的顾客信任，进而培养顾客的忠诚度。

赢得顾客满意的措施：①尽快了解并满足顾客个性化的需求——个性化增值是提升顾客价值的最佳切入点，因为个性化不易被模仿，有利于保持竞争优势；②加强与顾客的有效沟通——我们要使顾客坚信我们是最好的供应商，能够比竞争对手提供更好的服务。

3. 成熟期顾客关系管理工作重点

在这个阶段，顾客价值潜力得到了比较充分的挖掘和提升，处于个人价值的最高点，同时也是企业利润稳定、持久和主要的提供来源。位于这个阶段的顾客包括企业的优质高价值顾客群和稳定的普通顾客群。他们构成了企业业务收入的主要来源。针对这个阶段的顾客的购买行为已经成为一种比较稳定的习惯，也就是说，只要这个人还在使用这个产品，他就会以一个稳定的频率持续不断地进行消费。因此，这个阶段企业的工作重点已经不是如何让顾客主动去购买产品，而是要去考虑怎么使这个顾客长久地留在公司业务拓展中。

要实现顾客关系长期处于稳定期，应采取以下措施：

（1）培育顾客忠诚

培养顾客忠诚度的基础是持续提供超过顾客期望的价值，使顾客坚信目前的供应商是最有价值的，由此对公司、公司员工、商品或服务产生一种强烈的感情依附，进而上升为忠诚度。忠诚度是一种长期稳定的顾客关系，此时顾客不仅有很高的经济转移成本，而且面临着很高的心理和精神转移成本，更重要的是顾客对双方长期关系的收益非常有信心。

（2）加强增值创新能力

我们应持续向顾客提供超期望价值，这是建立顾客忠诚的基础。加强增值创新能力是持续提供超期望价值的源泉，因为随着顾客价值的不断提升和技术的标准化、服务的同质化，原先的超期望价值会逐渐退化为期望价值甚至基本价值。

增值创新能力的形成基于以下两点：①竞争对手能做到的公共增值项目（如商品质量、交货速度、价格、售后服务、技术支持等），我们必须始终做到最好；②尽量增加个性化增值的份额。个性化增值不仅是维持增值创新能力的良好途径，而且无形中加大了顾客退出关系的成本。同时，个性化增值会为我们在顾客群树立这样一个良好的形象：我们投入大量的资金、时间和精力来开发独特的顾客价值，我们对顾客是真诚的、重视的，为顾客利益是不惜代价的，因此有助于培养并不断提升顾客的忠诚度。

4. 衰退期顾客关系管理工作重点

在顾客关系衰退期，顾客会对产品开始产生厌倦。造成这种现象的原因很多，可能是因为竞争对手的产品更加赢得顾客的喜好，也许是顾客业务本身的需要而选择了其他的企业产品等，针对这个阶段的顾客，工作重点应该放在两个方面：一是加大投入，重新恢复与顾客的关系，对顾客进行二次开发；二是不再做过多的投入，渐渐放弃这部分顾客，仔细研究顾客吸引策略，做好后续顾客的业务拓展。

延长顾客关系生命周期的实战策略

企业在市场竞争中成败与否取决于对顾客资源的占有，顾客关系是企业最宝贵的资源，与高价值的顾客保持长期稳定的合作关系是企业获得竞争优势的关键。顾客关系生命周期理论实际上是产品生命周期理论进一步探索和深化的结果。我相信大家在了解了顾客关系生命周期的不同阶段以及各阶段的工作重点之后，最关心的是如何延长顾客关系生命周期。实际上，延长顾客关系生命周期，最重要的就是在顾客关系生命周期的各个阶段制定合理的营销策略。下面我们就以《科教导报》曾经刊登过的运营商在顾客关系生命周期的不同阶段的营销策略为例，来看一下延长顾客关系的生命周期的实战策略有哪些。

> 顾客与运营商的合作是从产生通信业务量开始、到业务量增加、业务量稳定、业务量下降，最后离网的整个过程。它描述了顾客关系生命周期的演进轨迹。研究人员根据不同时期的特点，把整个生命周期分为潜在期、开发期、成长期、成熟期、衰退期和终止期六个阶段。如前所述，其各个阶段也都有自己的特点，在每个阶段顾客所使用的通信产品业务量、运营商的成本投入以及获得的利润都会发生一定规律性的变化。运营商根据各个阶段的不同特点，进行了充分的市场调研，对顾客关系所处的阶段做出了准确的判断，制定了与之相适应的市场营销策略，对日常的生产经营工作做出了有效的指导。下

面，我们就介绍一个各个阶段的营销策略。

1. 潜在期及其营销策略

潜在期是顾客关系的孕育阶段。在这一阶段，双方考察和评估对方的实力、合作的诚意和未来发展的潜力，考虑如果建立长期合作关系双方需要承担的职责、权利和义务。该阶段的中心目标是增进相互间的了解，降低不确定性。此时顾客开始借助一定的渠道来了解运营商的业务，收集与运营商产品或服务有关的信息和资料，对运营商所做的营销努力作出反应，运营商与顾客开始沟通并建立联系。

此阶段运营商主要的营销策略是细分潜在顾客，识别目标顾客，明确通信需求，设计通信产品并有效传递给顾客。在这个阶段，运营商通过形象广告、业务宣传单页、人员面对面推介等多种形式，加深了顾客对运营商的印象，为顾客关系进入开发期做好了事前准备，为正式建立顾客关系奠定了基础。

2. 开发期及其营销策略

开发期是顾客关系的形成阶段。经过运营商营销人员的不懈努力，潜在顾客开始使用运营商的产品，并尝试着进行合作，比如：部分接入运营商固话或专线；购买少量的卡号。双方的合作关系由此开始建立，并且逐渐增加合作的次数。顾客通过使用运营商的通信业务对运营商所提供的通信服务有了一定的感知，对通信产品的了解进一步加深，并开始从合作关系中获得回报。

此阶段运营商的营销策略主要是进行品牌宣传、引导顾客需求，提供基础通信产品，最大限度地满足顾客的需求。这一时期运营商加大了营销力度，提供了丰富的通信产品和有吸引力的通信解决方案，并且突出了自己所提供的通信产品与其他同类产品相比的差异和优势。同时也注重了口碑效应，利用成功合作的顾客案例对目标顾客进行了推广，提高了推销质量和效率。

在这一阶段，运营商与潜在顾客初步建立了顾客关系，逐渐增加人员推销、广告宣传、网络建设、网络维护等成本的投入，顾客对运营商作出的收入贡献在逐步增长，渐渐弥补投入，开始实现赢利。

3. 成长期及其营销策略

成长期是顾客关系快速发展的阶段，顾客使用了运营商的通信产品之后感到满意，达到了顾客的价值预期，并激发了其他的通信需求，如顾客在使用固话业务的基础上，开始接入专线业务；顾客在使用移动业务的基础上，增加使用企业炫铃、移动办公、定位之星等增值业务产品。随着顾客满意度、忠诚度的不断提高，顾客使用运营商通信产品的品种增加，使用通信业务的范围扩大，与运营商的业务合作逐步加深，顾客关系的密切程度进一步增强。

成长期内，顾客通信业务量增长速度较快，运营商营销策略的重点是培育了顾客的忠诚度：①转化了通信顾问角色：充分了解了顾客单位通信网络现状，担当了顾客单位通信业务顾问，为顾客单位通信业务的发展、通信网络的建设积极出谋划策。②建立了信息反馈机制：为了丰富与顾客之间的沟通渠道，提高与顾客交流的频率，运营商建立了有效的信息反馈机制，满足了顾客不同层次的需求，为顾客提供了全方位的通信服务。③提供个性化服务：根据顾客需求为其量身定做个性化的通信产品，通过提供差异化的通信服务，突出通信服务特色，提高顾客满意度、忠诚度，增强行业竞争能力。④提高服务水平：全面梳理内部的业务流程、操作规范，建立程序化的服务流程、标准化的业务规范，树立优质服务的品牌形象。⑤顾客关系网络化：制订顾客关系维系计划，加强与顾客单位各层级人员的感情联络，全面强化顾客关系网络。

在这一阶段，运营商投入的广告宣传成本减少，人员营销、网络建设、网络维护、顾客维系成本等增大，但顾客对运营商作出的贡献迅速增加，运营商赢利呈现大幅度增长。

4. 成熟期及其营销策略

成熟期是顾客关系发展的收获阶段，运营商与顾客进入了蜜月期，相互之间的信任度、依赖度达到了最高；双方已经为彼此的合作投入了大量的资源，出现了高层次的业务渗透，如运营商与有线电视合作推出手机电视业务；运营商与商业银行联合推出信用卡分期付款方式的通信产品；运营商投资入股商业银行，共同发展移动金融及移动电子商务业务等。在这一阶段，双方或含蓄或明确地对长期合作关系作出保证，双方关系处于一种相对稳定状态。随着顾客通信业务量的提升，根据规模效应的原理，运营商运营成本逐渐降低，顾客为运营商作出的收入贡献达到最高，运营商获得了最大限度的市场份额。

成熟期内，顾客通信业务量增长幅度放缓，甚至渐趋下降，运营商营销策略的重点是保持了顾客的忠诚度：①转化了通信管家角色：肩负了顾客单位通信管家的职责，协助顾客单位进行信息化建设，最大限度地开发了顾客的通信潜力，如加强通信产品的相互捆绑，开发通信套餐产品，拓展通信产品功能，推广增值业务等。②重视业务培训工作：加强了运营商员工业务技能培训，提升了通信服务水平；为顾客单位相关人员提供了业务知识培训，提高了协同作业的契合度。③营销管理精细化：定期进行业务流程穿越，严格各环节的绩效考核，加强执行过程控制，防止前后端脱节、流程没有闭环。④建立科学分析模型：掌握行业动态、市场变化，建立市场分析、行业分析和顾客分析模型，作为顾客关系管理决策工具。⑤建立战略联盟关系：深化顾客关系维系计划，深度挖掘顾客需求，与顾客单位建立战略联盟关系，牢固顾客关系的根基。⑥建立顾客关系预警机制：关注顾客单位经营发展，跟踪顾客话务量波动，及时掌握市场竞争信息，防止竞争对手的进入。

在这一阶段，运营商投入的广告宣传成本非常少，投入的人员营销、网络建设、网络维护、顾客维系等成本也较前期减少，但顾客对运营商作出的收入贡献最高并且相当稳定，运营商赢利空间达到最大。

5. 衰退期及其营销策略

衰退期是顾客关系发生逆转的阶段。衰退期的主要特征有：顾客通信业务量快速下降，运营商利润快速下降，顾客正在考虑结束合作关系甚至物色其他运营商，开始传达结束合作关系的意图。

顾客进入衰退期时，企业必须认真研究市场情况，然后决定是继续经营，还是放弃离场，主要采取的策略有：①急救营销策略：在竞争对手尚未与顾客正式建立业务关系之前，进行顾客关系的二次开发，重新恢复与顾客的关系，尽最大努力挽留顾客。②持续经营策略：由于竞争者的加入，顾客有转网意向，前期合作情况较好的运营商可以考虑暂不完全退出，保持一定的市场份额，与竞争者共同为顾客提供通信服务。③收缩营销策略：由于竞争对手的加入，顾客已经决定整体转网，运营商应减少对该顾客的资源投入，逐渐退出该顾客通信市场，只安排少量人员跟踪顾客发展情况，加强收费管理，缩减成本支出。④放弃营销策略：濒临破产的顾客无法再给运营商带来利润，运营商就应停止对该顾客的资源投入，关注顾客经营状况，采取风险控制措施，慎重做好善后工作。

在这一阶段，运营商不再投入广告宣传成本，严格控制人员营销、网络建设、网络维护、顾客维系等成本的投入，由于顾客对运营商作出的收入贡献急剧下降，运营商赢利呈现大幅度下滑。

6. 终止期及其营销策略

终止期是顾客关系的解除阶段。顾客不再与运营商发生业务关系，当运营商与顾客之间的债权债务关系清理完毕时，整个顾客关系生命周期便宣告结束。终止期内的营销策略就是总结导致顾客关系终止的原因，修订市场营销策略，合理设置壁垒因素，增加顾客转网成本，作为今后顾客关系管理的借鉴。

在这一阶段，运营商无成本投入或仅投入少量的管理成本，用于清理双方债权债务关系，但顾客对运营商不再作出收入贡献，运营商赢利为零或为负值。

顾客关系生命周期可以细分为以上六个阶段，通过分析我们可知成熟期是顾客关系发展中最为理想的时期，是运营商获得丰厚收益的阶段。面对激烈的市场竞争，运营商应有效运用顾客关系生命周期理论，合理配置各种资源，采取差异化的营销策略；尽可能延长顾客关系的生命周期，尤其是成熟期的时间，缩短潜在期、开发期时间；提升运营能力，降低运营成本，获取最多的顾客价值，在市场竞争中立于不败之地。

这虽然是运营商的实战策略，但它同样可以应用到其他行业，因为各行各业的经营策略是融会贯通的。我们还可以在学习其他行业的实战策略的同时，灵活变通为更加适合自己的行业的营销策略。

顾客关系生命周期管理的成功案例分析

顾客关系生命周期管理的成功案例非常多，下面我们就拿《广西大学学报》介绍过的广州移动顾客关系生命周期的管理为例，来看一下它是怎样对顾客关系生命周期进行成功管理的。

随着经济的发展，移动通信市场得到飞速扩张，在扩张的过程中，大城市出现移动用户普及率饱和的情况。导致新增市场空间狭窄。面对这样的经营环境，广州移动需要在发展模式、经营模式和管理模式上努力创新。为了实现创新，广州移动利用顾客关系生命周期各阶段的特点，借助市场营销的各要素组合对顾客关系生命周期各阶段进行了分析，制定了针对性的营销措施。

1. 接触期

在接触期，广州移动应对潜在目标顾客群体的购买意向进行了分析，并据此细分及识别不同的目标顾客群体。目标顾客的需求各不相同，购买习惯和经济等因素也不尽相同，因此形成了不同的消费群体。在接触阶段采取了以下营销组合。

（1）市场分析策略

通过市场细分，将已有的业务推销给潜在顾客，实现业务和顾客的较佳匹配。市场细分包括了地理、人口、心理、行为、经济五个变量。广州移动应该首先分析目标市场的规模和变化，这需要综合分析地区经济发展情况、人均收入、人口结构、移动领域市场竞争态势，并结合目标顾客群体的收入状况、差异性需求、价格的敏感度等进行细分。

（2）产品组合与定价策略

通过市场细分与分析找出不同需求的顾客群体，并与广州移动旗下的全球通、神州行、动感地带三大子品牌一一对应，针对三大品牌不同的定位以及顾客的需求进行产品设计。此阶段，为了将潜在顾客转化为有效顾客，需要灵活采取优惠措施以吸引顾客。例如，动感地带、神州行的新用户，开卡赠送话费等优惠。

（3）渠道策略

在接触阶段，广州移动扩展了营销渠道的宽度，选择了尽可能多的营销网络，增大了市场覆盖面，更大程度地方便了用户购买，从而快速获取了潜在的目标顾客。

（4）广告策略

广州移动主要采取媒体广告。根据不同的目标顾客喜好，在不同的媒体渠道上做了针对性的宣传。例如，动感地带定位在新奇、具有时尚、好玩和探索的年轻人群体中，而年轻人较多接触网络媒体广告。广州移动针对这一偏好，加强了网络媒体广告的投放。

（5）忠诚度管理策略

目标顾客尚未成为广州移动的真正顾客。因而谈不上真正意义上的忠诚度管理。但重视了对现有顾客的忠诚度的维护，避免了对潜在目标顾客的过度优惠而引起现有顾客满意度，乃至忠诚度的下降。

2. 形成期

在形成期，广东移动增加了顾客的满意度、忠诚度，以及提高了用户的平均收入。主要采取的策略有：优化基础的产品和服务，对原有的业务进行创新等，为顾客提供新的增值服务。在形成阶段采取了以下营销组合。

（1）市场分析策略

市场分析主要是通过计费系统、业务支撑系统，运用数据仓库、数据挖掘等技术对新增顾客的基础数据进行分析。包括对顾客本地电话、长途电话，网内电话、网外电话的量和时间段的分析，以及其他增值业务的分析。

（2）产品组合与定价策略

产品组合与定价一般采取了产品套餐优惠，以及增值业务的营销。即将几种相近或不相近的业务进行捆绑形成几套不同的套餐，以满足不同顾客群体的需求。在满足不同顾客群体需求的同时，提高顾客的满意度和忠诚度。

（3）渠道策略

渠道组合以10086呼叫中心为主，呼叫中心不仅接受顾客的呼叫，解答顾客的问题，也主动呼出，对顾客进行调研，实现了一对一的销售，向特定顾客销售新的业务。同时注重网上营业厅的建设与完善，让顾客可以自主的取消或选用新的服务，减轻10086呼叫中心的压力。此外，还加强了对代理商的管理，避免了因违规操作的出现而流失顾客。

(4) 广告策略

以形象广告来提升企业的品牌和介绍新业务并重。同时也通过10086呼叫中心和短信中心以及邮递每个月账单等宣传手段来介绍新的业务。

(5) 忠诚度管理策略

顾客的忠诚度还处于不稳定阶段，顾客的流失往往发生在这一阶段。因此，广州移动向顾客提供了优良的基础服务；在传统业务的基础上开发出了新业务来满足顾客的不同层次的需求，从而提高了顾客的满意度，通过产品捆绑和话费优惠增加了顾客的在网时间，降低了离网率。

3. 成熟期

这时期，顾客对广州移动的价值贡献达到最大，也是最平稳阶段，广州移动通过提高顾客的满意度，来维护了顾客的忠诚度，将顾客尽可能长时间地保留在了该阶段。在这一阶段，通过对接触期和形成期的积累的顾客数据进行分析，制定了合适的营销策略来稳定有价值的顾客群（A 类顾客），挖掘有潜力的顾客群（B 类顾客）。广州移动把20%的顾客（为企业贡献了80%的利润）做了重点标志，并采取了倾斜性的策略加以稳定。在成熟阶段采取了以下营销组合。

(1) 市场分析策略

通过10086呼叫中心、第三方市场调研等方式了解顾客满意度和忠诚度情况，及时掌握并处理顾客所反映的问题和建议。同时通过数据分析，找出最有价值的顾客群和有潜力的顾客群。

(2) 产品组合与定价策略

该阶段的产品组合与定价以回报和反馈成熟顾客为出发点。回报和反馈的幅度依据顾客对广州移动的贡献而定。采取了积分回报、充值赠送、话费赠送、免费试用新业务等手段，回报和反馈的目的在于留住现有的顾客，延长其在网时间。

(3) 渠道策略

该阶段的渠道主要是10086呼叫中心告知，沟通100营业厅、移动授权营业厅受理。在此阶段，渠道的作用主要是将"预存话费优惠购机"、"预存话费赠送话费"、免费试用新业务等优惠信息通过10086人工坐席呼叫、短信和邮递账单的形式告知顾客。

(4) 广告策略

成熟阶段的广告以宣传各子品牌下的新套餐内容，各种优惠信息为主。主要选用媒体广告进行大规模宣传。

(5) 忠诚度管理策略

忠诚度管理是这一阶段顾客关系管理的核心。①提高顾客满意度策略，通过适度让利，增大顾客的消费者剩余，对于在网时间超过一定年限的老顾客在话费资费上进行优惠，顾客在网的时间越长，优惠力度越大，让顾客感受到广州移动对其的关怀，满足了其归属感，从而稳定了顾客的忠诚度。"预存话费优惠购机""预存话费赠送话费"等优惠策略既可以提高顾客的满意度，也可以延长顾客的在网时间，从而在一定期限内锁定顾客。在实施过程中，广州移动对不同顾客实施区别对待，全球通顾客的ARPU值远大于另外两个品牌的顾客。各优惠策略倾斜到了此类顾客一方。②品牌之间的转移策略，广州移动旗下品牌有全球通、神州行、动感地带。三大品牌各有不同的定位和市场，为降低顾客的离网率，"诱导"了顾客在三大品牌间转移，满足了顾客不同时期的需要。此举有效提高了顾客的满意度，稳定了顾客的忠诚度，避免了现有顾客转变成竞争对手顾客。

4. 衰退期

这个阶段的特征是顾客对企业的贡献开始减少，甚至出现中止与企业的业务往来，从而导致顾客关系生命周期的结束。此阶段，广州移动主要分析了顾客进入衰退期的原因，并将顾客关系生命周期由衰退期引导回了成熟期，努力恢复了对企业有价值的顾客。顾客衰退期的管理按分析、重新引导、再分析三个步骤实施。

分析阶段，顾客衰退的原因有以下三种：一是广州移动内部自身的因素，例如顾客对广州移动提供的服务不满意，或广州移动的营销策略落后于市场变化而不能满足顾客需求；二是竞争对手的因素，广州联通的实施更有竞争力的营销措施来抢占市场，对广州移动低端用户造成一定的冲击；三是顾客自身因素，顾客工作环境或经济发生变化，需要选择新的服务。

重新引导阶段，针对分析阶段得出顾客衰退的原因而制定出营销策略并实施的阶段。目的在于重新引导衰退期的顾客转入成熟期。实施了以下策略：一是完善策略，针对广州移动自身因素而导致顾客不满进行完善，消除此类不稳定因素，通过提高服务质量等措施来实现；二是应对策略，部分顾客的流失在于竞争对手的局部竞争优势加大，此时根据具体的情况制定了相应的措施挽回此类顾客；三是放弃策略，对于因顾客自身因素以及外在环境变化而导致的衰退，采取了放弃策略。

在重新引导阶段结束后，应对实施的结果进行再分析，找出导致偏差的原因，为顾客衰退期的管理积累经验，从而有效提高顾客衰退期的管理水平，降低顾客的离网率。针对以上分析，在顾客衰退阶段采取了以下营销策略。

(1) 市场分析策略

通过计费系统、数据挖掘对顾客通话时长、通话时段、使用爱好、信用度等进行分析，对进入衰退期并即将离网的顾客作出离网预警。同时对目前市场竞争态势，竞争对手的营销策略等进行分析，制订挽救顾客计划。对因环境变化导致离网的顾客采取放弃政策，同时做好赢回离网顾客的准备。

（2）产品组合与定价策略

主要采取针对即将离网顾客的特殊优惠套餐和资费，或引导即将离网顾客在广州移动旗下三大子品牌之间转移，同时制定出新的资费套餐开拓新的细分市场。例如，对即将离网的全球通顾客采取免月租的资费套餐，以期延长其在网时间。而对即将离网的动感地带、神州行顾客，根据离网的原因不同，将其引导为全球通顾客或为大众卡顾客。

（3）渠道策略

在顾客关系生命周期的衰退期里，渠道组合较为灵活，在这一阶段，顾客关系生命周期管理的重点是围绕发出离网预警并挽留离网顾客，故渠道的选择可根据离网顾客的类型而定。例如，对于签约的全球通顾客，正常的离网方式是在营业厅办理。此时一线员工可根据挽留离网顾客的策略，对选择离网的顾客采取优惠的资费套餐。

（4）广告策略

在顾客关系生命周期的衰退阶段的广告选择要稍微谨慎。这个阶段的广告方案主要针对离网顾客的挽留方案。由于挽留方案比一般的资费方案要优惠得多，故广告不宜在媒体上宣传，以免影响到形成期、成熟期的顾客的满意度和忠诚度。

（5）忠诚度管理策略

在顾客关系生命周期的衰退阶段的忠诚度管理主要是要建立离网顾客的预警机制。及时发现顾客消费异常情况，努力改善顾客忠诚度，将顾客从衰退状况恢复到稳定状态。将进入预警范围的顾客作为调查样本，对其进行一对一的人工坐席呼目进行调查，找出原因并进行分类，作为激励，可对该类顾客免费赠送新业务试用以提高其接受调查的积极性和准确度。

广州移动通过以上策略对顾客关系生命周期实现了成功管理，我们可以借鉴它的成功经验来实现顾客关系生命周期管理的成功。

顾客关系生命周期管理的实用工具

1. 顾客赢利性矩阵

公司经常依据产品的平均成本定价，但是价格很少能反映向具体的顾客提供产品和服务的所有成本。McKinsey 的艾略特·罗斯与哈佛商学院的教师的合作研究表明，服务不同客户的成本差别高达 30%，这使一些顾客具可赢利性而另一些则不能。该研究还依据顾客的购买行为和平均的赢利性确定了顾客的类型，这使得预测每类顾客的赢利性成为可能，并为迎合最有赢利性的顾客而对战略进行修改。顾客赢利性矩阵图（见图 11－2）可帮助公司对顾客作赢利性分析，并制定将最有赢利性的客户作为目标的战略。

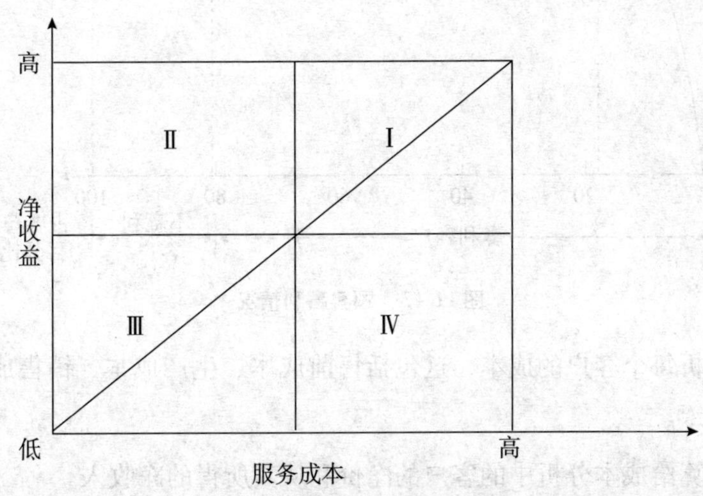

图 11－2 顾客赢利性矩阵图

Ⅰ——第一象限：富有主顾——高成本、高净价、愿意为优质产品和服务付高价；经常是小型的定做订单。

Ⅲ——第三象限：廉价商品部——低成本、低净价、在意价格，对质量或服务不太在意。

Ⅱ——第二象限：被动买主——低成本、高净价、对质量或服务不太在意，但是对价格同样也不在意。购买行为之所以被动要么是由于产品对客户是无关紧要的或极其重要，要么是因为不能轻易从其他渠道得到。

Ⅳ——第四象限：主动买主——高成本、低净价、要求高质量和高服务。有实力的洽谈人和技术性领导通常属于此类客户。

麦肯锡客户赢利性矩阵应用步骤（见图 11－3）：

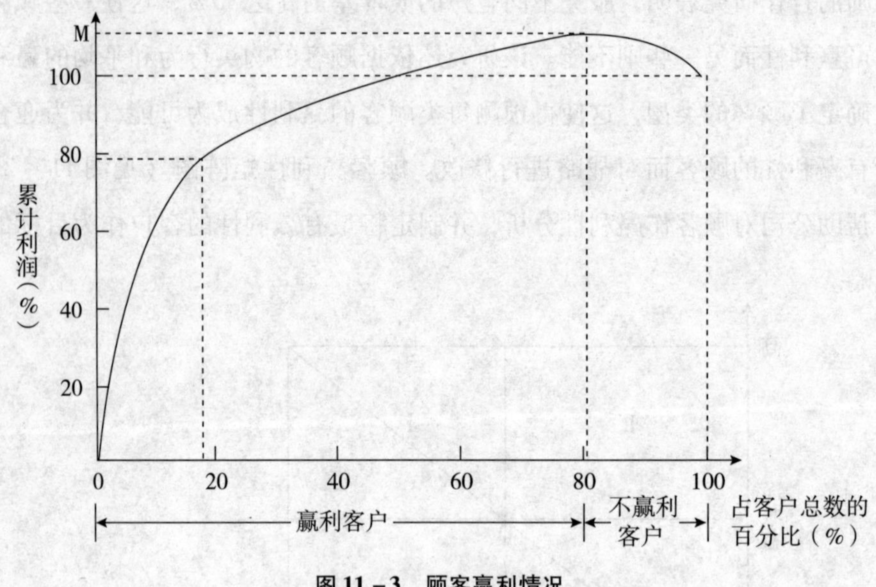

图 11－3　顾客赢利情况

①分析每个客户的成本，这包括售前成本、生产成本、销售成本和售后服务成本。

②计算给成本分析中的客户的净价和从其所得的净收入。

③在成本/价格图中标出这些客户（用与每年的净收入成比例的圆表

示）。并加上代表平均成本和价格的直线，还有一对角平分线。矩阵图表明哪些客户符合了买主的通常范畴：富有的主顾、廉价商品部、被动买主和积极买主。

④制订战略和支持制度以帮助销售人员和营销部门将在当前形式下此范畴内最有利的客户作为目标。

⑤定期重复进行此类分析以确定客户赢利性上的变化并且审查销售赢利性战略。

2. 评价顾客关系质量测试

- 我认为你们很在意我。
- 你们理解我的需要。
- 员工用亲人的方式接待我，我觉得他们对我很尊重。
- 在和你们交往时，我感到和你们很亲密。
- 和你们发生业务关系，我觉得有保证。
- 和你们交往，不是因为被迫，而是我想这么做。
- 把业务转移到另一家公司，我觉得这样做没必要。
- 在需要帮助时，我可以向你们求助。
- 我不可能和你们的竞争对手接触。
- 和你们的员工交往时，我觉得很舒适。
- 你们对我们的社区来说是一个重要组成部分。
- 和你们的员工交往就像和朋友在一起一样。
- 假如可以避开的话，我不会和你们打交道。
- 你们的员工很了解他们的业务。
- 你们是一家不错的公司，很了解像我这样的顾客。

根据以上测试，评价顾客关系的质量水平。